LA
LOI DU DIVORCE

OUVRAGES DU MÊME AUTEUR

Chez STOCK

TEMPS FUTURS, 1 vol. in-18. — 1900.
L'HUMANITÉ ET LA PATRIE, 1 vol. in-18. — 1901.

En collaboration avec M. GEORGES MOSSÉ :

L'AURORE DE LA CIVILISATION, traduit de l'anglais, 1 vol. in-18. — 1900.

Il a été tiré de cet ouvrage quinze exemplaires sur papier de hollande numérotés.

ALFRED NAQUET

LA LOI DU DIVORCE

Le mariage est, selon moi, une des plus barbares institutions que la société ait ébauchées. Je ne doute pas qu'il ne soit aboli, si l'espèce humaine fait quelques progrès vers la justice et la raison ; un lien plus humain et non moins sacré remplacera celui-là, et saura assurer l'existence des enfants qui naîtront d'un homme et d'une femme, sans enchaîner à jamais la liberté de l'un et de l'autre.

GEORGES SAND,
(*Jacques*).

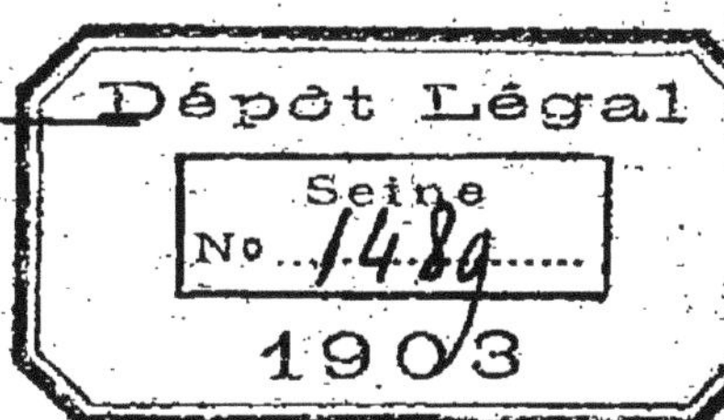

PARIS
BIBLIOTHÈQUE-CHARPENTIER
EUGÈNE FASQUELLE, ÉDITEUR
11, RUE DE GRENELLE, 11

1903

Contraste insuffisant

NF Z 43-120-14

PRÉFACE

Le 12 janvier dernier, mon ami M. Francis Chevassu publiait dans le *Figaro* un article où il manifestait quelque surprise que je n'eusse pas encore élevé la voix en faveur de la pétition des frères Paul et Victor Margueritte. Le rédacteur du journal mondain va plus loin, et, malgré les sentiments de sincère camaraderie qui nous lient, il n'a pas su se soustraire à l'influence d'une certaine légende. Il me dépeint comme un homme versatile « dont la versatilité resta rationnelle », comme un esprit variable « dont les variations ne sont pas banales », mais en somme comme un *politicien* sans fixité qui aurait successivement défendu et combattu les opinions les plus opposées.

Peut-être ces accusations ne paraissent-elles pas très graves au *Figaro*. Ses récentes pirouettes semblent, en effet, démontrer que la fixité des principes n'y apparaît pas comme une qualité maîtresse : accuser un homme politique de contradiction dans la conduite, peut même y revêtir le caractère d'un éloge, pourvu qu'on reconnaisse en lui une valeur intellectuelle; et j'ai tout lieu de croire que, dans la pensée de Francis Chevassu, l'article était plutôt élogieux. Les quelques égratignures dont il m'a gratifié lui paraissaient en quelque sorte des compliments, tant le scepticisme a fait de progrès à notre époque dans un certain milieu.

Aussi, loin d'en vouloir à Chevassu du portrait légèrement fantaisiste qu'il a fait de moi, je l'en remercie, au contraire, en considération de son désir d'être bienveillant.

Ce portrait n'en est pas moins fort éloigné de la réalité, et l'on ne trouvera pas mauvais que je m'efforce de la rétablir.

Or, je déclare catégoriquement, dussé-je provoquer quelque surprise, que je suis juste l'opposé d'un sceptique.

On semble s'étonner au *Figaro* de ne pas me voir figurer parmi les défenseurs du divorce élargi, et l'on n'est pas loin de penser que, après avoir écrit en 1868 un livre en faveur de l'union libre, après avoir, de 1876 à 1884, laissé de côté l'union libre pour m'occuper du divorce exclusivement, je pourrais bien aujourd'hui me désintéresser du divorce lui-même. Je suis si inconstant !

Eh bien non ! N'en déplaise au *Figaro*, je n'ai rien abandonné du tout ; et si je ne me suis pas lancé dans une campagne de presse à propos de la belle pétition des frères Paul et Victor Margueritte, c'est que j'ai préféré, en vue d'une action plus durable, écrire l'ouvrage que je livre aujourd'hui au public. Je n'avais d'ailleurs pas attendu jusque-là pour me prononcer : diverses interviews, parues à la *Petite République*, à l'*Eclair* et au *Figaro* même, ont prouvé, dès le premier jour où la question de l'élargissement du divorce a été posée, que tout ce que l'âge et la santé laissaient en moi d'activité et de force serait mis au service de l'importante réforme entreprise par de puissants et de vaillants esprits.

Cette réforme n'est, en réalité, que le retour à ma proposition originaire de 1876. Il est donc assez naturel que je sois heureux, après l'expérience qui vient d'être faite du divorce restreint, de voir la génération actuelle revenir au divorce libre qui avait été l'objet de ma première tentative.

Il n'est d'ailleurs pas vrai qu'en me restreignant en 1878 et dans les années suivantes à réclamer des Chambres le retour au Code Napoléon, j'aie jamais abandonné mes préférences pour la loi du 20 septembre 1792, ni qu'en travaillant au rétablissement du divorce sous une forme plus ou moins large, j'aie renoncé à mes idées de 1868 sur l'union libre.

Le *Figaro* l'insinue. Il prétend que j'aurais dit en 1889, au moment du Boulangisme, à propos de mon livre *Religion, propriété, famille* : « J'aimerais mieux me couper un bras que d'avoir écrit ce livre » ; il ajoute qu' « en 1900 je me fusse volontiers coupé l'autre bras en me rappelant mes péchés de 1889 », et il croit trouver un rapport entre mon attitude politique, au moment du discours de Tours, et les regrets qu'il me prête.

Le malheur est que la phrase ci-dessus n'a pas été prononcée en 1889, au moins pour la première fois. Elle a été écrite dans le *Journal du Midi*, d'Avignon, le 7 juillet 1871, reproduite dans la préface de la brochure *La République radicale*, que je publiai en 1873 chez Germer-Baillière, et citée à la Chambre en 1881 et au Sénat en 1884 au cours des discussions auxquelles donna lieu le rétablissement du divorce. Elle ne date donc pas d'une époque où une coalition momentanée — et regrettable — m'avait pour un instant rapproché des conservateurs. Elle remonte, au contraire, à une période où l'extrême-gauche avait peine à m'accepter à cause de mes opinions, que mes collègues considéraient comme trop radicales.

Elle ne prouve donc pas qu'à aucun moment j'aie renié l'union libre. Mais je n'ai jamais soutenu qu'il fût possible d'appliquer cette doctrine par décret dans une société comme la nôtre ; et j'ai écrit au lendemain même de la publication de mon livre que « s'il ne dépendait que de moi d'en décréter l'application immédiate, je laisserais ma main se dessécher plutôt que de signer un tel décret ».

Ces idées n'ont jamais cessé d'être les miennes.

Sur un seul point je m'éloigne des principes

que je professais en 1868 et ce n'est pas sur un point de doctrine.

En 1868 les revendications prolétariennes n'avaient pas encore pris la grande extension ni acquis la force avec laquelle elles s'imposent aujourd'hui, et il m'était permis de croire que la Révolution sociale commencerait par la famille pour s'étendre ensuite au côté économique de la vie des nations.

Je pense à cette heure que la transformation de nos sociétés commencera par le côté économique, et que la liberté de la famille, au lieu d'en être l'origine, en sera la conséquence. Mais qu'elle soit au commencement ou à la fin, la liberté de l'union des sexes ne fait pas moins partie de l'inéluctable transformation sociale. Il s'agit là, il est vrai, d'une évolution ; et l'on ne peut réclamer des sociétés capitalistes la suppression complète du mariage. Il n'en est pas moins désirable d'introduire dans cette vieille institution toute la dose de liberté que comporte notre état social actuel.

Dans un milieu où l'avenir des enfants repose exclusivement sur les parents et plus particulièrement sur le père, il importe que la filiation soit certaine ; de là, la nécessité de conserver à la base de l'union des sexes une consécration sociale.

Mais il n'en résulte nullement que le mariage doive être indissoluble. Il n'est pas même indispensable que la dissolution en soit subordonnée à des formalités coûteuses, rebutantes parfois, et à des décisions judiciaires qui dépendent le plus souvent, ainsi que le constatent les frères Margueritte, des caprices et des préjugés des magistrats.

Il suffit que la rupture de l'union soit authentique. Le mariage remplira même d'autant mieux sa fonction — qui consiste à conférer à la paternité un caractère de certitude, et à assurer aux enfants les garanties auxquelles ils ont droit — qu'étant plus libre, il laissera moins de place aux unions illégitimes et à la filiation naturelle ou adultérine.

Les hommes de 1792 et de 1793 l'avaient bien compris.

Certes ! ils n'étaient pas socialistes. Ils ne prévoyaient pas — même comme un idéal lointain — de société fondée sur une base autre que la propriété individuelle ! Ils n'en avaient pas moins reconnu que le mariage de la vieille société chrétienne avait fait son temps, et que l'institution qui régit l'association de l'homme et de la femme devait s'accorder avec la Déclaration des Droits de l'homme et avec le principe de la sécularisation de la société. Avant de se séparer, l'Assemblée législative votait la loi du 20 septembre 1792, la moins imparfaite de toutes les lois qui ont été édictées sur le divorce dans quelque pays que ce soit; et la Convention poussait encore plus loin, dans son projet de Code civil, le respect de la liberté individuelle.

Il n'a pas été possible à notre génération de remonter jusque-là; et nous avons dû nous contenter du retour à la législation rétrograde de 1803. Mais la loi consulaire constituait en 1884 un progrès incontestable. Il était en effet hors de doute qu'une fois rétabli, le divorce entrerait dans les mœurs, et qu'un quart de siècle ne s'écoulerait pas sans que l'opinion se prononçât en faveur d'une législation plus large.

Ces prévisions se sont pleinement réalisées. Le divorce s'est implanté dans nos habitudes avec une telle force qu'un gouvernement clérical, si jamais la France était assez malheureuse pour retomber sous un tel joug, ne pourrait pas plus l'abolir que n'ont pu le faire les différents Cabinets catholiques de Belgique, ou que la Chambre introuvable de 1816 ne fut capable chez nous de supprimer le mariage civil.

De plus, le mouvement en faveur de la revision de la loi de 1884 n'a pas même attendu dix-sept années pour se produire. Il ne s'était écoulé que onze ans lorsque M. Hervieu donna au théâtre le signal de l'attaque dans sa remarquable pièce *Les Tenailles*, dont la première représentation eut lieu le 28 septembre 1895.

Aujourd'hui la question se trouve posée à nouveau par MM. Paul et Victor Margueritte dans leur roman *Les deux Vies* et dans une pétition qu'ils ont adressée à la Chambre. Le président Magnaud, de son côté, a rendu d'importants jugements sur la matière, suivis également d'une pétition que M. le député Morlot se prépare, paraît-il, à traduire en proposition de loi.

J'y applaudis avec d'autant plus d'empressement que ce sont là des idées auxquelles j'ai consacré une grande partie de mon existence. Mais je sais bien que ce nouveau progrès ne nous mènera pas encore au but et que, même après le retour à la loi de 1792, nous demeurerons loin de l'affranchissement total qui est notre idéal absolu.

Au surplus, je n'ignore pas que d'aucuns m'ont blâmé de distinguer ainsi entre la doctrine qui est notre fil d'Ariane et l'action qui reste subordonnée aux possibilités du moment.

On est allé jusqu'à me reprocher au nom de l'union libre ma campagne en faveur du divorce. Sigismond Lacroix, vers 1878, la considérait comme « un procédé orléaniste pour légitimer le mariage » ; et plus près de nous, le 22 décembre 1898, notre éminent géographe Elisée Reclus m'écrivait :

« A mon avis votre œuvre n'a pas été bonne, même dans la propagande si active, si énergique et à la fois triomphante que vous avez faite en faveur du divorce. Tout en rompant le sacrement du mariage, vous avez rendu hommage à son institution légale, et si la survivance des épousailles est très atteinte aujourd'hui, du moins n'a-t-il pas dépendu de vous qu'*elle ne fût consolidée*. Le mariage était devenu aux yeux des hommes intelligents une intolérable nuisance, et vous avez tâché de l'accommoder à la sauce du jour. On vous en a beaucoup félicité, mais le progrès accompli ne l'était qu'en ordre inverse ; vous n'avez fait autre chose que *d'assurer au mal une plus grande durée*. »

Et dans une seconde lettre, revenant sur ce qui précède, il ajoutait :

« L'histoire m'apprend précisément le contraire de ce qu'elle vous a enseigné. Jamais diligence à chevaux ne se fera locomotive ; jamais actes légaux de mariage ou de divorce ne se transformeront en amour libre. »

Ce sont à peu près les mêmes idées qu'exprimait le 19 janvier 1903, dans le *Journal*, M. le Dr Toulouse, avec cette différence toutefois que, partisan du mariage, s'il voit comme Reclus dans le divorce — et dans le divorce élargi surtout — une consolidation de nos institutions familiales ; il s'en réjouit au lieu de s'en affliger.

Il est possible qu'ils aient raison les uns et les autres. Je suis, pour ma part, très porté à le croire. Et cependant, quoique partisan de l'union libre, je ne suis pas arrêté par cette considération. Je ne le suis pas plus que ne le sont les socialistes à la pensée que des réformes telles que la caisse des retraites ouvrières, l'impôt sur le revenu, ou la loi des huit heures, en apportant des allégements à la situation du travailleur, pourraient ainsi aller contre le but qu'ils poursuivent et consolider la société actuelle devenue moins intolérable.

C'est que je hais le pessimisme, que je ne crois pas le bien susceptible d'être engendré par l'excès du mal ; que les esclaves, abêtis par la misère et le vice dont elle est inséparable, ne s'affranchissent jamais ; et que c'est toujours par l'usage de la liberté qu'on se prépare à une liberté plus grande.

Je suis donc demeuré fidèle à mes convictions de 1868 en travaillant au rétablissement du divorce de 1876 à 1884 ; et j'y suis fidèle encore en m'efforçant de coopérer aujourd'hui à l'œuvre d'élargissement de cette institution que poursuivent quelques esprits courageux. Au fond, et malgré la petite citation, peut-être un peu malicieuse, de ma phrase sur le bras coupé, Francis Chevassu a été obligé de le reconnaître lui-même lorsque, sans s'inquiéter de cette contradiction, il a écrit :

« C'est qu'en tombant tour à tour, chacune des petites barrières protectrices du mariage ouvre la voie à la réforme qui est l'objet véritable de son apostolat : l'union libre. »

Et cependant la légende veut que je sois un homme variable. Aussi, malgré cet aveu — imposé par la brutalité des faits — de la fixité de l'une au moins de mes idées, de celle qui a été ma pensée dominante, c'est encore en affirmant ma versatilité que conclut l'article du *Figaro*.

O ! ce n'est pas que je prétende ne m'être jamais modifié en rien. Seuls, les êtres bornés et incapables de recevoir la leçon des événements se cantonnent inébranlables dans les opinions que, dès la première heure, le hasard, et le sentiment plus que la réflexion, leur ont fait choisir.

Mais si j'ai évolué, si les phénomènes sociaux auxquels j'ai assisté ont impressionné mon cerveau, si même, doué de quelque sens critique, j'ai été souvent conduit à hésiter pour avoir trop aperçu le double côté des choses ; si j'ai pu par instants reconnaître à ce qui se passait en moi la justesse de cette phrase de Louis Blanc : « Malheureusement, ne pas savoir oser est l'écueil des esprits trop pénétrants (1) », il n'y en a pas moins eu dans ma vie une unité de conduite — que pourraient m'envier bien des hommes politiques réputés inflexibles.

En veut-on quelques preuves même en dehors de la question du divorce et de l'union libre ? Arrêtons-nous d'abord sur un premier point : l'internationalisme.

Depuis le jour où, à l'âge de quinze ans, en 1849, j'allais exhorter les soldats qui partaient pour l'expédition de Rome, à ne pas tourner leurs armes contre les républicains romains, jusqu'au moment où, en 1901, j'ai défendu, dans *l'Humanité et la Patrie* (2), mes idées sur la solidarité internationale, je suis demeuré partisan des Etats-Unis d'Europe, prélude à mes yeux de la Fédération mondiale. Je défie qui que ce soit, dans toute une

(1) Louis Blanc. — *Histoire de dix ans*, t. I, p. 302. Pagnère, éditeur. In-8. 1849.

(2) Stock, éditeur.

œuvre déjà longue et même dans les moments terribles de 1870 bien faits pour porter le doute dans le cœur d'un français, de trouver un mot de moi, un seul, opposé à ce sentiment d'unité humaine qui s'accommode d'ailleurs fort bien avec l'amour le plus vif et le plus jaloux de la patrie. On pourrait supposer que j'ai passé par le nationalisme parce que j'ai été l'un des chefs du Boulangisme. Ce serait une profonde erreur, et M. Barrès a eu raison d'affirmer dans l'*Appel au soldat* que mon boulangisme n'était pas celui de la majorité du parti. En pleine période boulangiste, le 6 janvier 1890, je publiais dans la *Presse* l'article le plus énergiquement internationaliste peut-être de tous ceux que j'aie jamais écrit.

Sur quoi auraient donc porté mes variations? Sur la forme de gouvernement? mon dévouement à la République n'a jamais été même contesté.

Sur mes doctrines philosophiques?

J'ai professé de tout temps ce qu'il me sera permis d'appeler l'*athéisme scientifique*.

Serait-ce sur les questions sociales?

J'ai en effet longtemps et énergiquement combattu le collectivisme auquel j'ai fini par me rallier. Mais toujours j'ai dénoncé la société actuelle ; toujours j'ai proclamé que la séparation qui existe entre le capital et le travail doit disparaître et que les fonctions de capitaliste et d'ouvrier doivent se confondre dans les mêmes mains : toujours j'ai condamné le laissez-faire, laissez-passer des économistes ; toujours, en un mot, j'ai été socialiste. Il n'y a donc même pas là une variation, puisque je n'ai pas modifié mes idées quant au but à atteindre, mais seulement quant aux moyens d'y parvenir.

Où dès lors ai-je varié ?

Dans mes rapports avec les personnes uniquement.

J'ai combattu Gambetta et je me suis rapproché de lui ; j'ai été l'ami et l'adversaire de Ferry ; j'ai suivi puis abandonné le général Boulanger.

On a exploité ces faits contre moi ; on les a traités de palinodies. Ils sont, au contraire, la preuve de la constance de mes opinions.

Je me suis rapproché des hommes lorsqu'ils

ont fait ou que j'ai cru leur voir faire la besogne que je jugeais utile. Je me suis séparé d'eux quand je me suis aperçu qu'ils ne la faisaient pas.

Qui n'a observé, dans un train en marche, que les arbres de la route semblent se mouvoir tandis que l'on est soi-même en mouvement?

Ma prétendue versatilité est un effet de perspective du même ordre. J'ai donné à mes contemporains l'illusion du changement parce que je demeurais à ma place, tandis que les autres se déplaçaient.

Malheureusement, si l'on pardonne aisément de nos jours aux hommes politiques d'abandonner leurs convictions, on est impitoyable pour ceux qui répudient leurs alliances.

Soyez aujourd'hui l'adversaire et demain le partisan de la dualité des Chambres ; défendez et combattez alternativement la séparation des Eglises et de l'Etat; montrez-vous pacifique ou chauvin selon les circonstances, on vous le pardonnera. Mais malheur à vous si vous vous rapprochez d'un homme que vous avez attaqué, ou si vous vous séparez d'un homme aux côtés duquel vous avez marché. Vous serez taxé de trahison, et l'on sera impitoyable à votre égard.

C'est que la politique repose presque tout entière sur un accord tacite en vertu duquel, en entrant dans un parti, on abdique son libre arbitre au profit de qui le dirige.

L'inflexibilité ne consiste pas à avoir des principes et à s'y tenir, mais à n'en changer qu'avec les chefs que l'on s'est donnés, et surtout à en changer chaque fois qu'ils en changent.

C'est ce qu'exprimait le cardinal de Retz dans la phrase citée à la Chambre par M. Aynard le 13 mars 1903 : « Il faut changer souvent d'opinion pour pouvoir toujours demeurer de son parti ».

Aussi me rends-je parfaitement compte de l'inutilité de ma protestation.

Un homme n'est pas ce qu'il est, mais ce qu'on le fait, et lorsqu'une fois la légende l'a affublé d'une étiquette, il est bien rare que l'histoire l'en débarrasse. Or, la légende m'a dit :

« Tu seras versatile ou tu ne seras pas. »

En attendant et pour donner une preuve de plus de mon irrémédiable inconstance, j'apporte ici mon dernier effort à cette revendication de la liberté dans la famille qui a été, par *Religion, propriété, famille*, le premier cri de ma vie politique, et qui en sera le dernier. Mon seul regret est que mes forces trahissent ma volonté et que je ne puisse plus mettre, au service de la nouvelle réforme, mon activité et ma vigueur d'autrefois.

Mais d'autres sont là ! — *uno avulso non deficit alter* — et lorsqu'on a pour défendre une belle cause des cœurs enthousiastes et des intelligences élevées : des Margueritte, des Henri Coulon, des Bellegarde parlant au nom de la jeunesse républicaine, des président Magnaud préparant dans le prétoire l'œuvre du Corps législatif, etc., etc., on peut être assuré que l'œuvre s'accomplira.

Il le faut. Non seulement le respect de la dignité humaine l'exige, mais encore l'honneur de la France.

Partout, en effet, même dans les rangs nationalistes et peut-être là plus qu'ailleurs, on déclare notre pays en décadence et toutes les races latines avec lui. On écrit des livres sur la supériorité des Anglo-Saxons, et tout en chantant en public des couplets sur la reprise de l'Alsace et de la Lorraine, lorsqu'on est entre soi on ne pense qu'au fossoyeur.

Eh bien! on commet là une erreur fondamentale.

A part l'Espagne — encore suis-je convaincu qu'elle est appelée à se relever par la République — les races latines s'agitent. L'Italie, sortie de son ancienne torpeur, travaille et progresse malgré un gouvernement monarchique et militaire qui en paralyse l'effort.

Mais c'est surtout parmi ces populations de l'Amérique du Sud, dont à peine peut-on dire encore qu'elles forment des nationalités, que se manifeste avec une indomptable énergie la vitalité de la race latine.

J'ai reçu, il y a quelques jours à peine, de Buenos-Aires, un livre où se trouve le compte-rendu des discussions parlementaires qui ont eu lieu en 1888 et en 1902 au Congrès fédéral de la République Argentine, sur le mariage civil et le divorce. Je voudrais qu'il fût traduit et que tous nos compatriotes pussent le lire. On y verrait à quelle hauteur s'est élevé le débat. Cette discussion, en dehors du talent dont ont fait preuve les orateurs, est au niveau des plus belles qu'aient enregistrées depuis cent quatorze ans les divers Parlements français dans la lutte de l'esprit moderne contre la congrégation. Juan Balestra, Carlos Olivera — dont je reçois ce matin une lettre dans laquelle il me fait l'honneur insigne de me demander de l'appeler mon disciple — Barroetaveña, Pinedo, et tant d'autres dont je ne cite pas les noms, parce que la liste en serait trop longue, ne le cèdent en rien aux grands défenseurs de la pensée libre qui, de 1789 à 1884, ont combattu chez nous le même combat.

Quant à la France, j'ai encore présents à la mémoire ces vers des *Châtiments* écrits en 1854 :

> L'humanité suivait le progrès saint, la France
> Marchait en tête avec sa flamme sur le front.

Ce rôle n'a pas cessé d'être le sien.

Certes, ce n'est plus la nation guerrière d'autrefois. Elle a été la première dans les fastes militaires lorsque la force était l'élément principal du progrès. Mais ce stade de la civilisation est dépassé, et si elle s'occupe encore d'assurer sa défense contre les entreprises possibles des peuples attardés dans le *struggle for life*, alors qu'elle entre elle-même dans la phase de l'aide pour l'existence, ce n'est plus sur les champs de bataille qu'elle s'efforce de servir le monde ; c'est dans la voie de la paix qu'elle développe son activité féconde.

La France rappelle la Grèce antique et Rome.

Ces grandes nations ne sont pas mortes en se fusionnant dans le tout humain. Elles vivent encore en nous ; et tandis que la conquête grecque n'a fait qu'élargir l'horizon de l'humanité, la conquête romaine, à laquelle nous devons cependant l'évolution de l'idée juridique, nous a fait beaucoup de mal par l'exagération même de cette idée. C'est le formalisme des empereurs, perpétué par le catholicisme sous une forme appropriée au moyen âge, qui oppose encore aujourd'hui au progrès les plus grands obstacles, tant il a façonné nos cerveaux. Rome est à ce point vivace en nous à l'heure actuelle que, pour continuer à progresser, nous devons briser le moule dans lequel elle a enfermé le genre humain.

La France vivra aussi à travers les âges, non comme Rome pour être anéantie à un moment donné, mais comme la Grèce, d'une vie éternelle, ou du moins dont la durée sera égale à celle de notre espèce.

Tous les grands frissons qui ont secoué les peuples dans les temps modernes viennent d'elle. L'Allemagne et l'Angleterre l'ont précédée peut-être dans la voie révolutionnaire, l'une en faisant la réforme, l'autre en tranchant la tête d'un roi et en établissant une représentation permanente du pays. Mais qu'ont été la Réforme et les Révolutions de 1648 et de 1688 si on les compare à la gerbe de lumière que le XVIIIe siècle a répandue sur le monde et dont la Révolution française a été le splendide épanouissement ?

A proprement parler, c'est depuis 1789 que l'humanité a brisé ses barrières, qu'elle est véritablement en marche et nous ne sommes encore qu'au début de cette évolution.

Dans la question du divorce notre patrie a su garder sa place. En 1792 elle a édicté la loi la plus rapprochée, je l'ai déjà dit, des principes absolus qui soit jamais sortie d'une Assemblée législative.

Depuis lors, ballottée comme tous ceux qui luttent, entre l'action et les réactions, elle n'a cessé de combattre et de perdre pour reconquérir.

Enfin, en 1884, elle a fini par rétablir le divorce dans son Code, et l'expérience a été à ce point décisive que les plus hostiles n'osent pas en demander la restriction, et qu'un grand mouvement se prépare en faveur de son élargissement.

L'exemple n'a pas été perdu; et comme nous venons de le voir à propos de la République Argentine, comme nous aurons à y revenir dans le corps de cet ouvrage, les peuples jusqu'ici courbés sous le joug catholique, de Lisbonne à Rio-de-Janeiro, et de Rome à Buenos-Aires ou à Montevideo, sont en travail pour libérer le corps et l'esprit humains.

Il ne faut pas que nous perdions notre rang. Pendant que des esprits courageux s'efforcent de transporter en Portugal, en Italie et dans les jeunes peuples latins de l'Amérique, notre législation de 1884 ou quelque chose d'approchant, l'heure est venue pour nous d'aller au delà. En réalisant une réforme nouvelle, en reculant dans ce passé, où reculer c'est avancer, en abandonnant le Code Napoléon pour revenir au droit révolutionnaire, la France conservera son rôle prépondérant dans le monde (1).

(1) Le livre que je consacre à l'élargissement du divorce est divisé en deux parties.

Dans l'une j'ai cru devoir compléter l'historique du divorce en France en analysant les phases par lesquelles a passé cette réforme de 1876 à 1884. — Les phases antérieures de 1792 à 1876 ont été exposées dans mon livre *Le divorce*, édition de 1881, et dans la belle thèse de M. Pierre Damas : *Les Origines du Divorce en France*, thèse dans laquelle l'auteur a étudié le mouvement philosophique qui a précédé la période révolutionnaire, et s'est étendu sur l'histoire de la loi de 1792. Mais la lutte qui a dû être soutenue de 1876 à 1884 commence à être un peu oubliée, et il n'est pas inutile d'en rappeler les détails, ne fût-ce que pour montrer la voie à suivre à ceux qui ont entrepris la réalisation d'un progrès nouveau.

La seconde partie du livre est consacrée à la réforme nouvelle, et aux controverses qu'elle suscite.

J'espère que l'une et l'autre pourront être de quelque utilité dans la campagne qui commence.

PREMIÈRE PARTIE

HISTORIQUE

CHAPITRE PREMIER

PREMIÈRE ET DEUXIÈME LÉGISLATURES

I

De tout temps le divorce avait été l'objet de mes préoccupations ; et si je n'avais pas pris l'initiative de cette réforme à l'Assemblée nationale, c'est que, indépendamment du peu de succès qu'elle aurait eu, il y avait alors pour les républicains une besogne infiniment plus urgente : sauver la République en péril.

Mais, dès 1876, aussitôt que la Chambre fut devenue républicaine, le moment me parut favorable pour aborder cette grave question.

Ce n'était pas que je me fisse la moindre illusion sur les difficultés que j'allais rencontrer. Mon élection d'Apt aurait suffi à lever mes doutes sur ce point si j'en avais eu. Convaincu qu'un député n'est qu'un mandataire et qu'en aucun cas il ne peut moralement substituer son action à celle de ses mandants, je n'avais pas caché, dans ma profession de foi, mon intention, si j'étais élu, de proposer le rétablissement du divorce, et l'effet de cette audace ne fut pas pour m'encourager.

Grâce à l'atavisme catholique, dont les populations les plus ardemment démocratiques elles-mêmes sont imprégnées à leur insu, cette déclaration fut accueillie par un tolle tel que mes amis, pleins d'inquiétude, me conseillaient de renoncer à la candidature.

Je tins bon, et après une campagne de près de deux mois, la plus dure et la plus pénible qu'il se puisse imaginer, je parvins enfin à triompher de mes adversaires. Mon collège électoral était conquis. Ce fut ma première victoire et la plus difficile. J'étais libre vis-à-vis de mes commettants; et dès que je fus arrivé à Versailles où siégeait alors le Parlement, je me hâtai de saisir la Chambre de ma première proposition de rétablissement du divorce.

Si la plupart de mes collègues républicains, au risque de compromettre leur mandat, avaient fait une propagande semblable à la mienne, la Chambre aurait pu, dès cette première législature, voter le retour, en matière de mariage, aux principes de la Révolution.

Mais les candidats s'étaient bien gardés d'imiter

une attitude qu'ils jugeaient impolitique ; et je m'aperçus bien vite que pour tenter l'aventure dans laquelle je m'engageais, il fallait un « sauvage » (1). Aussi mon isolement fut-il complet au début, et mon apparition à la tribune fut-elle saluée par des sourires ironiques.

Mais mon siège était fait.

Dans cette première proposition de 1876, partisan résolu de la législation de 1792, je m'en étais rapproché le plus que je l'avais jugé possible. Je m'étais borné à en modifier la procédure pour répondre dans une certaine mesure à l'étroitesse d'idée d'une bourgeoisie qui paraissait avoir perdu la tradition des grandes luttes de son aïeule du XVIIIe siècle. La substitution d'arbitres aux juges n'aurait pas manqué de l'effrayer et j'y avais renoncé. Mais sur les points fondamentaux ma proposition de loi revenait aux principes de la Législative et de la Convention.

J'admettais le divorce : 1° par consentement mutuel ; 2° pour des causes déterminées dont j'augmentais considérablement le nombre ; 3° par la volonté persistante d'un seul des époux.

En ce qui concerne les enfants, j'établissais des

(1) On appelle « sauvage » à la Chambre le député qui n'est inscrit à aucun groupe.

distinctions, et je me séparais par là des conceptions de la Législative.

La rupture du mariage se produisait-elle par la voie du consentement mutuel, les époux devaient se mettre d'accord sur la garde et l'entretien des enfants sous peine d'irrecevabilité de la demande.

Le divorce avait-il lieu par l'initiative d'un seul des conjoints, les conséquences étaient différentes selon que le demandeur excipait ou non de motifs déterminés.

S'il invoquait des motifs déterminés et fournissait les preuves de ses allégations, les enfants devaient lui être remis. Les choses dans ce cas se seraient passées comme elles se passent actuellement.

Mais il en allait autrement si l'un des conjoints se bornait à affirmer sa volonté de sortir de l'union conjugale sans en déduire les raisons. Il me paraissait injuste d'enlever les enfants à celui qui, pour les conserver, s'astreignait à maintenir la vie commune, et je proposais de les confier de droit à l'autre.

Cette proposition de loi ne vint du reste jamais en discussion, les fauteurs du Coup d'Etat du 16 mai ayant dissous la Chambre, au moment même où allait figurer à son ordre du jour le rapport de sa Commission d'initiative qui concluait au rejet de la prise en considération.

La forme que je lui avais donnée résultait de l'idée que je m'étais faite du rôle du député. Il devait, selon moi, dans les propositions de lois soumises par lui au Parlement, pousser ses conceptions jusqu'à leurs conséquences logiques, sauf à faire aux mœurs et aux préjugés, au cours de la procédure devant les Chambres, les concessions qui lui sembleraient nécessaires.

Mais j'avais vite reconnu que si, philosophiquement, j'étais dans le vrai, pratiquement je faisais fausse route.

Les modérés n'aiment généralement pas confesser leur modération ; et c'est s'affirmer modéré que prendre en considération une proposition de loi très avancée pour l'amender profondément ensuite.

Ils préfèrent la repousser par cette espèce de question préalable qui consiste dans l'écart de la prise en considération. Cela leur permet d'en contester en bloc le caractère utile et démocratique ; et ils évitent ainsi d'y apporter des amendements qui démontreraient leur propre timidité.

Allain Targé, qui ne manquait pas d'humour, et au demeurant le meilleur fils du monde, me dévoilait un jour cet état d'âme en me disant :

« Ne croyez pas que nous allons vous donner un brevet de radicalisme en prenant vos propositions en considération et en les modifiant nous-mêmes dans un sens plus modéré. Nous ne sommes pas si sots. Apportez-nous des projets que nous jugions pratiques, qui ne s'écartent de nos vues que sur des points secondaires ; nous les prendrons volontiers pour base de discussion. Mais si vous persistez à nous présenter des propositions de loi dont l'esprit s'éloigne par trop de ce que nous sommes disposés à accepter, nous refuserons purement et simplement de les examiner. »

Allain Targé était un ferme républicain ; et il fit preuve d'un sens politique incontestable dans la vive et brillante opposition qu'il dirigea contre les conventions désastreuses avec les Compagnies de chemins de fer, dont Jules Ferry et Raynal obtinrent le vote en 1883.

Mais, malgré tout, il y avait chez lui un fond de politicien. Il appartenait à une coterie qui s'appelait alors « l'Union républicaine », et l'intérêt de cette coterie le dominait. Il voulait bien accepter des projets qui n'étaient pas émanés d'elle ; mais il ne voulait pas, en montrant un trop grand écart entre la hardiesse de ces projets et la timidité de son groupe, grandir l'influence de ses adversaires.

La situation était donc bien nette lorsque je rentrai à la Chambre à la seconde législature. Si je reprenais ma proposition absolue de 1876, mon échec serait certain, et sauf un débat écourté sur la prise en considération je n'obtiendrais jamais un débat public.

Cette proposition, en effet, avait été dédaigneusement rejetée par la Commission d'initiative, qui avait confié à M. Constans le rapport sommaire, avec mission de m'exécuter presque sans phrases.

Le futur ministre s'était admirablement acquitté de son mandat. Il m'avait même parié un dîner de dix couverts que le divorce ne serait jamais rétabli dans notre pays ; je lui rappelle qu'ayant perdu son pari il a toujours oublié de s'exécuter à son tour.

Il fallait donc ou renoncer au rétablissement du divorce, et faire de ma proposition un simple moyen d'agitation politique, ou me résoudre à présenter un projet plus en harmonie avec les idées de la majorité. Voulant réussir et doter mon pays d'une liberté sociale que je jugeais indispensable, je n'avais donc plus le choix. Je devais laisser à l'avenir le soin d'une évolution vers le retour aux principes de la loi du 20 septembre 1792, et me borner moi-même à introduire, comme un premier coin entre les ais de l'institution du mariage indissoluble, le titre VI du Code civil de Bonaparte à peine amendé sur quelques points.

Voici la proposition de loi précédée de son exposé des motifs telle que je la déposai sur le bureau de la Chambre le 21 mai 1878 :

PROPOSITION DE LOI

Relative au rétablissement du Divorce

Présentée par M. Alfred NAQUET, Député.

EXPOSÉ DES MOTIFS.

Messieurs,

Dans la séance du 6 juin 1876, j'avais eu l'honneur de présenter à la Chambre des Députés un projet de loi qui portait abrogation de la loi du 8 mai 1816 et rétablissement du divorce.

La prise en considération de cette proposition allait être discutée ; elle était à l'ordre du jour lorsque le 16 mai vint interrompre les travaux de la Chambre, lorsque la dissolution fit tomber tous projets, propositions,... etc., dont elle était saisie.

C'est ma proposition du 6 juin 1876 que je reprends aujourd'hui, mais sous une forme nouvelle.

En 1876, j'étais parti de cette idée que les Commissions d'initiative n'ont pas à se prononcer sur le projet de loi qui leur est soumis, mais seulement sur le principe qui domine ce projet ; que, notamment, dans l'espèce, si la Commission d'initiative admet le principe du divorce — encore bien qu'elle trouve détestable la proposition de loi qui en règle les conditions et les effets — elle doit prendre cette proposition en considération, laissant aux Commissions spéciales le soin de l'amender, de la modifier, de la transformer.

Partant de là, j'avais rédigé une proposition très-large, conforme en tous points à mes idées sur la matière, et telle que je la formulerais encore s'il dépendait de moi seul de la convertir en loi.

Je me disais que certainement la Chambre n'irait pas aussi loin ; mais il me semblait bon que le député initiateur allât jusqu'au bout de ses convictions, fît son œuvre individuelle telle qu'il la comprend et laissât ensuite aux Commissions de la Chambre le soin de faire l'œuvre collective, œuvre de transaction entre des opinions extrêmes qui s'harmonisent dans une formule moyenne.

C'est ce que je disais dans mon exposé des motifs (1).

« Convaincu que beaucoup d'entre vous ne me suivraient pas jusque-là, j'ai dû me demander si je ne ferais pas mieux, par esprit de transaction, de supprimer dans mon projet cette cause de divorce, savoir, le divorce sans cause déterminée provoqué par la volonté persistante d'un seul des époux.

« Je n'ai pas cru devoir m'arrêter devant cette considération.

« La prise en considération d'une proposition de loi ne préjuge pas l'adoption du projet dans son ensemble, mais seulement l'acceptation du principe sur lequel ce projet repose.

« Si vous prenez ma proposition en considération, la Commission que vous nommerez dans vos bureaux

(1) Grandes impressions de la Chambre des députés ; première législature, n° 177, p. 54.

demeurera libre de l'amender, de la modifier, et je puis, par suite, sans nuire en aucune manière au succès de ce qui est dans vos convictions comme dans la mienne, présenter le projet qui répond le plus complètement à mes vues. Je pose ainsi la question dans toute la généralité que lui donnera, je n'en doute pas, l'avenir, et je vous laisse le soin de juger et d'accepter ce qui est actuellement compatible avec vos sentiments et les sentiments de vos électeurs. »

Je crois encore à cette heure que cette doctrine était la vraie. Mais la jurisprudence de la Chambre l'a constamment condamnée depuis le mois de mars 1876 jusqu'au mois de mai 1877. Constamment les Commissions d'initiative ont examiné à fond les propositions qui leur étaient soumises et les ont rejetées lorsque ces propositions leur ont paru inapplicables telles qu'elles étaient formulées, encore bien que le principe leur en parût admissible. C'est ainsi qu'une proposition, signée de quelques-uns de nos collègues et de moi en faveur de la liberté absolue de la presse, fut repoussée par la Commission d'initiative, qui faisait appel à la Chambre pour obtenir une proposition moins large.

C'est ainsi encore que, dans le sujet qui nous occupe, le rapport de l'honorable M. Constans conclut à la *non prise en considération* sans discuter le *principe même du divorce*, et en s'appuyant presque exclusivement sur ce que mon projet était beaucoup trop large et devenait ainsi menaçant pour l'institution du mariage elle-même.

Cette jurisprudence de la Chambre, je la crois mauvaise ; mais, ne voulant pas donner à mes propositions le caractère de manifestations platoniques, je m'y soumets.

C'est pourquoi, abandonnant ma proposition de 1876 — quoiqu'elle réponde cependant toujours à mes vues personnelles — je lui substitue une proposition nouvelle, que je crois susceptible, cette fois, d'être prise en considération et adoptée par vous.

Ma proposition actuelle consiste dans l'abrogation de la loi du 8 mai 1816, et dans le rétablissement de l'article 227 et du titre VI du Code civil.

J'ai toutefois introduit, dans ce titre VI, certaines modifications de détail qui m'ont paru indispensables.

D'abord, au chapitre des causes de dissolution du mariage, j'ai ajouté les causes suivantes :

1° L'aliénation mentale de l'un des époux lorsqu'elle a persisté pendant deux ans et plus ;

2° L'absence déclarée ;

3° Les dissentiments religieux survenus après le mariage et prouvés soit par le changement de religion de l'un des époux, soit par la religion imposée aux enfants, lors de leur naissance ou plus tard, par l'un des époux malgré la volonté ou à l'insu de l'autre, soit par l'aveu des parties.

En outre de l'article 230 du Code civil, portant que la femme pourra invoquer l'adultère du mari comme cause de divorce lorsque le mari aura tenu sa concubine dans la maison conjugale, j'ai proposé de faire disparaître cette clause restrictive.

Ces modifications sont aisées à justifier. Si le divorce est admis en principe, on ne saurait le refuser à l'époux qui est à jamais séparé de son conjoint par une aliénation mentale incurable. On ne saurait le refuser à l'époux qui peut invoquer contre son conjoint une *absence judiciairement constatée,* alors que cette absence est considérée comme assez grave pour entraîner la mise des héritiers de l'absent en possession provisoire de ses biens. Presque toutes les législations étrangères admettent, du reste, ces deux causes de divorce.

Quant à la troisième disposition, il me paraît difficile qu'elle ne soit pas admise. Les divergences de vues en matière religieuse sont au nombre des sujets les plus graves et les plus permanents de dissentiments entre époux ; rien n'occasionne des querelles plus fréquentes et plus violentes, et, si l'on admet avec Treilhard que le divorce est mille fois préférable pour les enfants au spectacle constant des tiraillements et des violences entre les parents, cette disposition doit être acceptée.

Quant à la suppression, dans l'article 230 du Code civil, des mots : « lorsque le mari aura tenu sa concubine dans la maison conjugale », elle me paraît éminemment morale. Non seulement, en effet, il y a dans ces mots affirmation d'une inégalité choquante et inutile entre les deux sexes, il y a encore un demi encouragement accordé à l'adultère du mari. D'ailleurs les tribunaux, dans les procès en séparation, réagissent autant qu'ils le peuvent contre cette disposition qui n'est plus de notre époque. Chaque jour, ils condamnent des maris qui ont consommé l'adultère dans des appartements loués sous un autre nom que le leur, lorsqu'ils peuvent supposer qu'il y a eu fraude et qu'en fait l'appartement leur appartenait. Au point de vue strictement légal, c'est là un abus ; au point de vue moral, c'est, je le répète, une réaction de la jurisprudence contre une disposition de loi inacceptable, qu'il importe de faire disparaître.

Enfin, je demande que les articles 276 et 277 du Code civil, portant que le divorce par consentement mutuel ne pourra être admis qu'après deux ans de mariage, et ne pourra plus l'être après vingt ans ou quand la femme aura quarante-cinq ans, demeurent abrogés.

Je ne puis, pour légitimer cette modification apportée au texte du Code civil, que répéter aujourd'hui ce que je disais dans mon Exposé des Motifs de 1876 (1).

(1) Grandes impressions de la Chambre des députés, *loc. cit.*, p. 52 et 53.

Après avoir cité un remarquable passage de Treilhard pour justifier le divorce par consentement mutuel, j'ajoutais :

« Ces arguments sont sans réplique. Pourquoi donc le même homme qui les fait valoir propose-t-il, dans la loi de 1803, de rendre le divorce par consentement mutuel impossible : 1° quand le mariage est conclu depuis moins de *deux ans* ; 2° lorsqu'il est conclu depuis plus de *vingt ans* ; 3° lorsque la femme a dépassé sa quarante-cinquième année.

« Est-ce qu'une femme dont le mari a attenté à la vie six mois après son mariage, sera moins intéressante que si elle était mariée depuis deux ans, et sera moins arrêtée par cette « honnêteté publique qui empêche une femme de traîner son mari à l'échafaud quoique criminel » (1) ?

« Est-ce qu'un mari, dont la femme a été adultère, aura moins souci de l'opinion publique parce que son mariage datera de *vingt ans* ou parce que sa femme aura dépassé sa quarante-cinquième année ? »

Il est évident qu'ici, le temps depuis lequel le mariage est contracté et l'âge de la femme n'enlèvent rien à la force des motifs qui avaient poussé les auteurs du Code à conserver dans notre législation le divorce par consentement mutuel, et que, par suite, si vous faites revivre, ainsi que je vous le propose, le titre VI du Code civil, vous devez en éliminer ces impossibilités absolues

(1) Treilhard justifie le divorce par consentement mutuel, entre autres arguments, par celui-ci : Il est des cas où les causes de divorce sont si graves que l'un des conjoints hésitera à les rendre publiques. Ainsi, une femme n'osera pas réclamer le divorce, s'il lui faut en même temps accuser son mari de tentative d'assassinat et le traîner à l'échafaud. Un homme s'arrêtera, si la cause pour laquelle il demande le divorce est l'adultère, devant l'opinion injuste, mais réelle, qui ridiculise les maris trompés, etc.

et injustifiables en laissant abrogés les articles 276 et 277.

Qu'on ne me dise pas, en effet, que l'on a voulu protéger la femme contre la lubricité du mari, en rendant le divorce impossible à un âge où elle a perdu ses charmes et ne peut plus conserver l'espoir de trouver un époux.

Cette argumentation serait valable s'il s'agissait du divorce provoqué, sans cause déterminée, par la volonté persistante du mari seul ; mais il s'agit, qu'on ne l'oublie pas, du divorce par consentement *mutuel.* Si la femme consent au divorce, bien qu'elle ait dépassé sa quarante-cinquième année, c'est apparemment qu'elle y trouve un avantage, que sa situation est intolérable ; et dès lors ce serait bien mal comprendre la protection que vous voudriez lui accorder que de la protéger ainsi contre elle-même.

J'ai essayé de justifier les quelques modifications que j'ai fait subir au titre VI du Code civil dont je vous propose le rétablissement ; mais je n'ai nullement discuté ici les motifs généraux qui militent si puissamment en faveur du rétablissement du divorce.

Je l'ai fait longuement, complètement, dans mon Exposé des Motifs de 1876, et, sous ce rapport, je n'ai rien à ajouter, non plus que rien à retrancher, à ce que je disais alors.

Je me borne à renvoyer ceux d'entre vous, Messieurs, qui ne seraient pas convaincus de la nécessité de rétablir le divorce, à cet Exposé des Motifs, et, sans autres développements, j'ai l'honneur de vous présenter la proposition de loi dont la teneur suit :

PROPOSITION DE LOI

Article premier

La loi du 8 mai 1816 est abrogée.

Art. 2

L'article 227 du Code civil ainsi conçu :

« Le mariage se dissout : 1° par la mort de l'un des « époux ; 2° par le divorce », est rétabli.

Art. 3

Le titre VI du Code civil est rétabli avec les modifications portées dans les articles suivants :

Art. 4

L'article 230 du Code civil ainsi conçu :

« La femme pourra demander le divorce pour cause d'adultère de son mari, lorsqu'il aura tenu sa concubine dans la maison conjugale. »

Est ainsi modifié :

« *La femme pourra demander le divorce pour cause d'adultère de son mari.* »

Art. 5

Entre les articles 232 et 233 du Code civil, ajouter l'article additionnel suivant :

« Les époux pourront encore invoquer, pour obtenir le divorce, les causes suivantes :

1° L'aliénation mentale de l'un des époux, lorsqu'elle a persisté pendant deux ans et plus ;

2° L'absence déclarée ;

3° Les dissentiments religieux survenus après le mariage et prouvés, soit par le changement de religion de l'un des époux, soit par la religion imposée aux enfants, lors de leur naissance ou plus tard, par l'un des époux malgré la volonté ou à l'insu de l'autre, soit par l'aveu des deux parties.

ART. 6

Les articles 276 et 277 du Code civil, portant que le divorce, par consentement mutuel, ne pourra être admis qu'après deux ans de mariage et ne pourra plus l'être après vingt ans, ou quand la femme aura quarante-cinq ans, demeurent abrogés.

On le voit à cette lecture : je n'abandonnais rien de mes idées. Je faisais simplement la part des circonstances, du milieu. En 1876, je m'étais déclaré prêt à subir les modifications que le Parlement croirait devoir apporter à mon œuvre. Cette fois-ci, instruit par l'expérience, j'allais moi-même au devant d'elles. Au lieu d'attendre de la Chambre les amendements restrictifs de ma proposition de loi, je lui apportais directement celle-ci sous la forme qu'elle pourrait supporter. Comme le médecin placé en face d'un tempérament débile, je lui offrais les aliments appropriés à son état de santé. Mais je réservais l'avenir ; et ces réserves n'avaient rien de chimérique puisque, moins de vingt ans après le rétablissement du divorce, de puissants esprits demandent le retour aux idées qui avaient inspiré ma proposition de 1876, et réussissent à provoquer en ce sens un mouvement d'opinion considérable.

II

Grâce à la concession que j'avais faite, je croyais pouvoir compter sur des conclusions favorables de la Commission d'initiative. Le 16 mai avait été vaincu. La République triomphait définitivement. Le temps des faiblesses et des renoncements aux principes semblait passé, et rien ne paraissait plus pouvoir justifier une attitude de dédain semblable à celle qu'avait prise deux années auparavant la Commission dont, le 4 décembre 1876, M. Constans avait présenté le rapport.

Je me trompais. La 6e Commission de la deuxième législature marcha sur les traces de sa devancière ; et le 13 mars 1879, M. Hippolyte Faure déposait en son nom un rapport concluant à ce que ma proposition de loi ne fût pas prise en considération. Il ne se prononçait pas d'ailleurs sur le fond du débat et ne s'appuyait que sur des motifs d'opportunité.

Mise en présence d'un problème si compliqué, disait-il, de difficultés si ardues, votre Commission a examiné si le moment actuel était bien choisi d'étudier une semblable question. Il est facile de le constater, en ce moment la grande masse du public, celle de nos électeurs des villes et des campagnes, ne se préoccupe guère de la question du divorce, et peut-être y aurait-il un certain danger à jeter dans la population ce sujet de discussion auquel elle ne songe pas.

Et plus loin, après avoir énuméré les lois pressantes sur les finances, les moyens de transport, les matières de l'enseignement, il concluait :

... Eh bien ! Quand sera épuisé, permettez-moi cette expression, le stock de projets que nous avons à étudier, nous aurons le loisir de nous occuper de l'intéressante question du divorce. Dès à présent songeons aux lois d'affaires, la France le désire, la France doit être obéie.

C'est pour ces divers motifs que, sans se prononcer sur le fond de la question, votre 6ᵉ Commission d'initiative parlementaire a l'honneur de vous proposer de ne pas prendre en considération la proposition de loi de M. Naquet, tendant au rétablissement du divorce.

L'accueil que j'avais reçu de mes électeurs dans le département de Vaucluse pouvait, dans une certaine mesure, excuser à mes yeux la timidité de M. Hippolyte Faure et de la Commission dont il exprimait le sentiment.

Mais mon exemple portait un autre enseignement. Il prouvait que le peuple est intelligent et honnête, qu'il se rend aisément à la vérité, et que si le mot *divorce* était susceptible d'effrayer au premier abord des populations encore dominées par les préjugés catholiques, il n'était cependant pas impossible de leur faire abandonner ces préventions injustifiées.

Comme mandataire, un député, je l'ai dit, a le devoir strict de ne jamais substituer son autorité propre à celle de ses commettants. Mais il a aussi un rôle d'éducateur; et lorsqu'il reconnaît l'utilité d'une réforme à laquelle le public se montre hostile, j'estime qu'il est tenu de faire tous ses efforts pour l'amener à son opinion. Malheureusement, cette fonction de prosélytisme répugne fort à la plupart des représentants du peuple. Se donner la peine d'éclairer les électeurs leur apparaît à la fois comme une fatigue et un danger. Ils préfèrent attendre patiemment les revendications du corps électoral; et lorsqu'ils éprouvent des velléités de résistance à la volonté du pays, c'est bien plus souvent pour retarder le progrès que pour le hâter.

Je me retrouvai donc, en 1879, comme en 1876, en présence d'un rapport défavorable de la Commission d'initiative, et il fallut en appeler à la Chambre.

La question vint en discussion le 27 mai 1879. Je puis dire que je remportai ce jour-là le plus beau succès que j'aie eu à enregistrer pendant ma carrière parlementaire. Je reçus des félicitations générales de mes collègues, et, malgré une réplique du rapporteur, réplique d'autant plus médiocre qu'il n'aurait pas été éloigné de voter dans le même sens que moi, s'il n'avait craint pour son parti l'effet électoral d'un tel vote, ma proposition de loi fut prise en considération. A partir de ce moment, on put considérer le divorce comme rétabli en France. Ce n'était plus qu'une affaire de temps. Quelques jours après cette mémorable séance, la Chambre nomma dans ses bureaux une Commission qui m'était en grande majorité favorable, et sur les travaux de laquelle il serait oiseux de revenir ici.

Les députés ne manifestent pas toujours leurs véritables sentiments en séance plénière et au scrutin public. Soit qu'ils ne veuillent pas tenir intégralement leurs engagements, soit qu'ils veuillent, au contraire, effectuer des réformes qui dépassent leur mandat, il leur arrive d'émettre des suffrages différents selon que le vote est ou non secret.

C'est ainsi qu'on a vu bien souvent des majorités appuyer publiquement un Cabinet, auquel elles s'empressaient d'opposer une Commission du budget adverse dès que, réfugiées dans les bureaux, elles pouvaient lui décocher ce trait perfide en dehors de toute publicité.

Dans la question du divorce, ma proposition

avait pour elle le plus grand nombre des représentants. Elle n'aurait cependant pas été adoptée si, le 27 mai 1879, ils avaient dû se prononcer sur le fond, au lieu de n'avoir à le faire que sur la prise en considération. Celle-ci leur laissait, en effet, une échappatoire. S'ils étaient trop attaqués dans leurs circonscriptions à l'occasion de leur vote, il leur serait aisé de se tirer d'affaire : ils se déclareraient hostiles au projet, mais ajouteraient que la proposition est trop sérieuse pour qu'on lui oppose une espèce de question préalable en se refusant à la discuter.

Dans les bureaux, au contraire, les députés étaient libres, et ils manifestèrent leur opinion en élisant des commissaires favorables.

Ces deux premiers actes parlementaires : celui qui, en séance publique, avait invalidé les conclusions de la 6e Commission d'initiative, comme celui qui avait constitué la Commission chargée d'examiner le fond, produisirent un grand effet sur l'opinion.

Un vieux proverbe dit qu'à quelque chose malheur est bon. Je me le suis répété depuis 1879, toutes les fois que je me suis rappelé le rapport hostile de M. Hippolyte Faure. En me forçant de monter à la tribune pour le combattre, il eut une influence utile. Il entraîna un vote plus solennel, capable d'impressionner les esprits au dehors et qui, peut-être, eut même une répercussion dans les bureaux appelés quelques jours après à se prononcer.

A ce moment, d'ailleurs, une aide puissante m'avait été apportée. Un républicain nettement conservateur, qui est en même temps un orateur d'un talent considérable, un ancien préfet de police du maréchal de Mac-Mahon, M. Léon Renault, s'était prononcé pour le rétablissement du titre VI du Code civil légèrement amendé, s'était fait élire membre de la Commission et avait consenti à se charger du rapport. C'était pour ma proposition de loi une trop bonne fortune, une fortune trop inespérée, pour que je ne me fisse pas un devoir et un plaisir extrême de m'effacer devant lui. Aussi, paraphrasant les anciens Romains, qui décernaient aux citoyens qui les avaient tirés d'un grand péril le titre de second ou troisième fondateur de Rome, je ne manquai pas de conférer alors à M. Léon Renault le titre de second père du divorce.

En janvier 1880, la Commission avait terminé ses études et le 15 du même mois, M. Léon Renault déposait sur le bureau de la Chambre son rapport magistral, qui marque une étape nouvelle dans l'évolution de la loi.

Ce rapport concluait au rétablissement de l'ancien titre VI du Code civil avec les amendements suivants :

1° Dans l'article 231 se trouvait insérée une disposition nouvelle, qui ajoutait aux causes facultatives de divorce la condamnation de l'un des époux à une peine simplement correctionnelle pour vol, escroquerie, abus de confiance, outrage public à la pudeur ;

2° L'article 232 relatif aux causes dirimantes de divorce prenait la forme suivante :

« La condamnation de l'un des époux à une peine infamante, autre que le bannissement et la dégradation civique prononcée pour cause politique, sera pour l'autre époux une cause de divorce.

« L'absence sans nouvelles de l'un des époux pendant cinq ans sera pour l'autre époux une cause de divorce. »

3° Les articles 238 et 239 avaient apporté un élément nouveau, élément mauvais et qui témoignait de la timidité avec laquelle on abordait alors la réforme. Ils rendaient obligatoire l'intervention des familles dans la procédure tendant à la réconciliation, qui est le prélude de toute action publique en divorce ;

4° L'article 277 du Code civil, qui interdisait le recours au consentement mutuel avant deux ans et après vingt ans de mariage, ou aussi lorsque la femme avait atteint sa quarante-cinquième année, était abrogé, laissant le consentement mutuel toujours applicable. Une cinquième disposition donnait satisfaction aux scrupules des catholiques et même d'un grand nombre de non catholiques, en rendant aux époux divorcés la faculté que leur avait retirée la loi de 1803 par son article 295, de se réunir ultérieurement par un nouveau mariage si telle était leur volonté.

Enfin, un article transitoire accordait aux époux séparés de corps sous l'empire de la loi de 1816, sans distinction entre le demandeur et le défendeur, le droit de requérir la conversion de leur séparation de corps en divorce, à la condition que le jugement de séparation de corps fût devenu définitif depuis trois ans au moins. Cette faculté était cependant retirée à l'époux contre lequel la séparation de corps avait été prononcée pour cause d'adultère.

Telle fut l'économie de la proposition de loi que M. Léon Renault s'engagea à défendre devant le Parlement.

Une proposition qui tendait à faire de l'adultère du mari, comme de celui de la femme, une cause péremptoire de divorce, dans quelque lieu qu'il eût été commis, avait été rejetée par la Commission. Il en avait été de même des modifications que j'aurais voulu voir introduire dans la loi pour mettre au nombre de ces causes les dissentiments religieux et l'aliénation mentale persistant depuis deux ans au moins.

III

Il ne suffisait pas d'avoir pour soi la Commission parlementaire, c'est-à-dire d'avoir conquis intrinsèquement la majorité des députés, il importait de libérer ceux-ci de la crainte du corps électoral, crainte ordinairement salutaire, mais cette fois fâcheuse par exception. Je consacrai, dans ce but, tous mes loisirs de l'année 1879 à des conférences dans le pays. Pendant les sessions parlementaires, j'allais le soir et dans les journées du dimanche, m'expliquer dans des réunions publiques organisées à Paris ou dans des localités plus ou moins voisines, telles que Boulogne-sur-Seine, Neuilly, Vincennes, Versailles, Meaux, Evreux, Arras, Valenciennes, Lille, Roubaix, Douai, Melun, Boulogne-sur-Mer, Le Havre.

Les vacances venues, avec l'aide de mon ami Taquet d'abord, de mon ami Savaria ensuite, qui voulurent bien, l'un dans la région du Midi, l'autre dans celle de l'Ouest, se charger de la tâche de préparer la besogne en me précédant dans les différentes villes, louant les salles et organisant la publicité, j'entrepris dans le Sud-Est, le Sud-Ouest et l'Ouest de la France, une tournée d'ensemble qui dura jusqu'aux premiers jours de janvier 1880.

Je commençai par Nice. Puis, successivement, je visitai Toulon, Hyères, Marseille, Tarascon, Allais, Nîmes, Béziers, Montpellier, Cette, Millau, Toulouse, Saint-Gaudens, Castres, Tarbes, Albi, Agen, Auch, Cahors, Pau, Bayonne, Bordeaux, Périgueux, Limoges, Poitiers, Niort, Nantes, Rennes, Saint-Brieuc, Brest, Granville, Laval et Chartres.

J'avais continué cette tournée pendant l'été de 1880, dans le Midi et le Centre. J'avais pris la parole à Avignon, Carpentras, Valence, Grenoble, et je me proposais de la prendre encore à Lyon d'abord — où, d'ailleurs, j'avais déjà exposé mes idées à l'Alcazar, le 10 janvier 1878 — à Bourg, à Vesoul et dans diverses autres villes de l'Est. Les circonstances en décidèrent autrement. Une scarlatine survenue au cours de cette nouvelle série de conférences m'arrêta net. Déjà malade le jour de mon arrivée à Grenoble, j'y avais parlé pendant plus de deux heures et demie, malgré une fièvre intense ; mais, en rentrant à l'hôtel, j'avais reconnu la nature du mal dont je souffrais et j'avais dû, par suite, regagner au plus vite mon domicile, en m'excusant par lettres de mon manque involontaire de parole là où l'état de ma santé ne me permettait plus d'aller.

Physiquement, ces conférences, qui m'obligeaient à voyager et à parler tous les jours, étaient certainement pénibles ; toutefois, elles ne me donnèrent aucun des ennuis que m'avait occasionnés ma campagne électorale de 1875-1876 dans l'arrondissement d'Apt. Partout j'étais accueilli avec sympathie, même par mes adversaires, et nulle part, la presse hostile au divorce ne se livra contre moi aux attaques et aux violences, si communes de nos jours.

Je devais cette bienveillance au soin extrême que j'avais pris de me placer sur un terrain complètement étranger à la politique. Par manière de courtoisie, quand j'arrivais dans une ville, ma première visite était pour les journaux d'une opinion opposée à la mienne. Je leur déclarais — et j'avais soin de le répéter au début de mon discours — que bien qu'appartenant à un groupe militant, j'agissais en l'espèce en dehors de toute préoccupation de parti, et que je demandais non seulement à mes amis de m'écouter, mais aussi à mes adversaires, parce que je tenais à les convaincre et à obtenir leur appui, ou tout au moins leur neutralité, dans une entreprise que je considérais comme hautement moralisatrice et, par suite, d'un intérêt social de premier ordre. Lorsque j'abordais l'argument religieux, j'avouais sans ambage que j'étais né dans une religion dissidente, et que, comme homme, j'appartenais à la libre-pensée dans ce qu'elle avait de plus absolu. Mais j'ajoutais que je respectais les convictions d'autrui, comme j'entendais faire respecter les miennes, et que si j'avais cru blesser, par ma proposition de loi, les sentiments intimes de ceux de mes concitoyens qui ne pensaient pas comme moi, je me serais certainement gardé de la présenter.

Cette attitude, d'ailleurs tout à fait sincère, faisait taire d'ordinaire toutes les préventions et à part un très petit nombre de villes où la « société » bien pensante s'était donné le mot d'ordre pour ne pas venir m'entendre, j'avais un auditoire composé de toutes les classes. Je crois même pouvoir, sans faire acte d'immodestie, me rendre le témoignage que, presque partout, j'ai dû convaincre un certain nombre de mes auditeurs de tous les partis.

Une seule fois, à Millau, dans l'Aveyron, je

me heurtai à une véritable émeute. J'étais descendu à la sous-préfecture et la conférence avait été organisée dans une grande halle qui dans la journée servait de marché, et dont le grillage extérieur avait été tapissé d'étoffes pour la séparer de la rue. Le clergé, usant dans ce pays ultra-catholique, de son influence excessive, avait mobilisé les femmes, qui envahirent la place dont un simple mur de toile nous isolait, et qui, là, se livrèrent à un vacarme excessif et rendirent tout discours impossible. Il fallut faire déblayer la place par la gendarmerie, et c'est sous l'escorte de plusieurs gendarmes à cheval qu'il nous fut seulement possible de regagner la sous-préfecture.

Cet incident est le seul de cette nature que j'aie eu à enregistrer. Partout ailleurs, on venait ou l'on s'abstenait — les pays où domina l'abstention furent en infime minorité — mais nulle part on n'essaya de troubler mes réunions.

A Pau, je reçus, il est vrai, la lettre anonyme d'un mauvais plaisant qui me menaçait d'une balle de revolver si je ne renonçais pas à ma conférence. Mais la menace, j'ai hâte de le dire, n'eut aucune suite.

Parfois des faits amusants qui égayaient le public et le disposaient en ma faveur. Ainsi à

Toulouse, au théâtre, pendant que le rideau était baissé et que la salle s'emplissait, on vit entrer tout à coup une noce avec la mariée coiffée de ses fleurs d'oranger. Ce spectacle peu banal d'une nouvelle mariée qui préludait à sa première nuit de noce en venant entendre une conférence sur le divorce eut un grand succès d'hilarité et provoqua de bruyants applaudissements.

L'affluence ou la disette d'auditeurs n'était d'ailleurs généralement pas due à des questions d'ordre politique. A Marseille, ville éminemment républicaine, et dans laquelle je jouissais d'une certaine notoriété, je parlai devant des banquettes, tandis qu'à Nantes, ville infiniment moins avancée, j'eus la réunion la plus belle, la plus nombreuse, la plus sympathique de toute la tournée.

A Marseille, ce qu'on est convenu d'appeler *la Société* avait décidé de s'abstenir. Les républicains, de leur côté, s'abstinrent aussi parce que la conférence était payante et que le produit n'en était pas affecté à une œuvre démocratique.

C'était là cependant une nécessité imposée par le caractère que j'avais entendu conserver à ma propagande.

Si je l'avais voulu, j'aurais certainement trouvé dans le pays des groupes qui auraient mis gratuitement des salles à ma disposition et se seraient chargés des frais d'affichage. Mais alors je me serais trouvé placé sous le patronage d'un parti et j'aurais éloigné les personnes appartenant à des partis opposés.

D'autre part, dès l'instant où les organisateurs des Conférences assumaient la charge de tous les frais — souvent fort élevés — il était juste de leur laisser les bénéfices des recettes, les pertes étant parfois considérables. A Marseille, elles atteignirent 1.400 francs.

Comme toujours, d'ailleurs, des contradictions sur ce point se produisirent. A Saint-Gaudens, afin d'être agréable à mon ami Lenglé qui, encore à cette époque député bonapartiste, s'était seul à droite prononcé pour le divorce, j'avais annoncé que la réunion serait gratuite. La société refusa d'y venir à cause de cette gratuité, qui l'empêchait de réserver ses places et confondait les rangs. Il n'est pas facile — le fabuliste l'avait observé déjà — de contenter tout le monde.

A part ces petites difficultés inséparables de toute action, l'accueil était partout très sympathique, et les journaux de diverses nuances reproduisaient mes discours, en les accompagnant le plus souvent d'appréciations bienveillantes, alors même qu'ils en combattaient les idées. Je crois pouvoir dire qu'après cette tournée l'opinion avait subi un revirement et que désormais les députés étaient libres.

Mais ils n'en avaient pas la certitude ; la timidité les dominait encore et, par trois fois, en 1880, le 31 mai, le 15 juillet et le 29 novembre, la Chambre refusa d'inscrire à son ordre du jour la discussion du rapport de M. Léon Renault.

Les deux premiers refus pouvaient se justifier par le désir de donner la primauté à d'autres projets jugés plus pressants ; mais la peur seule qu'inspirait, malgré tout, l'idée de porter la main sur l'indissolubilité du mariage pouvait expliquer celui du 29 novembre. Ce jour-là, en effet, l'ordre du jour se trouvait déblayé et je ne réclamais que mon tour régulier et naturel.

Les députés, peu désireux de repousser une loi que dans leur for intérieur ils considéraient comme nécessaire, et soucieux néanmoins de l'effet de leur vote sur leurs commettants, se tiraient d'embarras par l'ajournement.

Cet état de choses ne pouvait pourtant pas durer indéfiniment et le lundi 7 février 1881, la discussion s'ouvrit enfin.

Le projet était celui qu'avait élaboré la Commission. Quelques amendements y avaient été présentés par divers membres de la Chambre, les uns en vue de rendre la loi plus large, les autres en vue de la restreindre.

L'article transitoire enlevait à l'époux contre lequel la séparation avait été prononcée pour cause d'adultère la faculté d'en réclamer la conversion en divorce. M. Guillot, de l'Isère, proposait de faire disparaître cette disposition restrictive.

Par un autre amendement, il plaçait l'adultère de l'homme sur le même pied que l'adultère de la femme. Enfin, moi-même je reprenais la disposition de ma proposition qui faisait de l'aliénation mentale une cause de divorce.

Ces amendements d'ailleurs ne furent pas discutés, la Chambre ayant décidé le 8 février 1881, par 247 voix contre 216, c'est-à-dire à une majorité de 31 voix, de ne pas passer à la discussion des articles.

Les débats furent brillants. Léon Renault prononça un discours remarquable, dont Gambetta, — soi-disant adversaire du divorce — le félicitait en lui disant : « C'est trop élevé pour ces sous-vétérinaires ».

Louis Legrand et Brisson parlèrent en sens inverse.

Je n'ai aucun désir de blesser M. Louis Legrand, n'ayant jamais eu avec lui que les rapports personnels les plus courtois. Mais j'ai le droit de dire qu'il a toujours appartenu à la fraction la moins avancée du parti républicain, que tous les progrès l'épouvantent, et qu'il a combattu comme dangereuses jusqu'à celle de mes propositions qui est devenue la loi de 1881 sur les réunions publiques. Dans ces conditions, et sur une matière surtout qui touchait à la conscience religieuse, il était naturel qu'il comptât au nombre de mes adversaires. Des articles qu'il vient de publier dans l'*Économiste français*, et sur lesquels j'aurai à revenir, prouvent que ses idées ne se sont pas modifiées depuis 1881.

Tous les esprits n'ont pas la largeur de vue dont ont fait preuve, en 1881 et 1882, M. Léon Renault et M. de Marcère.

Mais si l'intervention de M. Louis Legrand était naturelle, celle de M. Brisson était inattendue. Sa caractéristique est l'anticléricalisme. Il a prouvé depuis lors son courage politique, et il est certain que ce n'était pas la crainte des électeurs qui déterminait son attitude. Il agissait sous l'empire d'une conviction sincère, et, chose à tout le moins bizarre ! cette conviction d'un anticlérical passionné se trouvait conforme à celle des cléricaux les plus résolus.

Si l'on relit aujourd'hui son discours et si l'on

en élague les considérations d'ordre purement sentimental, on s'aperçoit que son argumentation n'avait pas grande valeur.

Il prétendait que si le divorce était rétabli, les hommes soumettraient leurs femmes aux plus mauvais traitements pour les amener à accepter ou à provoquer la rupture de l'union conjugale.

Il affirmait qu'il ne reste dans notre société qu'une seule institution debout : cette « molécule sociale » autour de laquelle s'agrègent tous les autres éléments sociaux : la famille fondée sur le mariage indissoluble.

Enfin, il déclarait que si le divorce existait, il n en demanderait pas l'abrogation, ce qui pouvait paraître étonnant de la part d'un aussi zélé partisan du mariage indissoluble.

Ah ! disait-il, je ne veux pas me faire plus absolu que je ne suis. Supposons que le divorce existe à l'heure où nous parlons, sauf le consentement mutuel, — le divorce par consentement mutuel a des dangers dont j'essaierai de vous parler. — Si la société française possédait le divorce, si elle s'y était assise, si les mœurs s'étaient faites depuis soixante à soixante-dix ans avec une législation ainsi établie, il est infiniment probable que je n'en demanderais pas l'abolition, surtout si le divorce était limité à des cas extrêmement rares comme celui d'une condamnation infamante rendue contre un des époux.

Voilà ce qu'un républicain osait dire de la Révolution française : elle aurait brisé notre vieille unité ; elle n'en aurait rien laissé debout, pas même la sainteté du mariage.

En s'inspirant de telles idées, on aurait dû bénir les étrangers de nous avoir ramené le roy légitime et avec lui la congrégation toute-puissante. Sans la Chambre introuvable qui est venue enrayer la marche de la décomposition que les principes de 1789 avait déterminée, nous étions perdus. La conclusion à tirer du discours de M. Brisson, eût été qu'il faut bénir l'invasion de 1815 et se faire légitimiste.

Il est vrai que M. Brisson n'était pas absolu et qu'il n'aurait pas proposé l'abrogation du divorce s'il l'avait trouvé établi. Comment ne voyait-il pas, lorsqu'il prononçait ces paroles, qu'avec des arguments de cet ordre on pourrait repousser tous les progrès, clouer un pays dans l'immobilité, faire de la France une Chine.

Je me rappelle encore la séance et j'entends encore l'orateur. En l'écoutant, je m'imaginais presque que j'étais sous l'Empire, qu'il s'agissait de la République au lieu du divorce, et que la tribune était occupée par M. Billault ou par M. Rouher.

Ah ! je ne veux pas me faire plus absolu que je ne suis,

aurait dit le vice-empereur. Si la République existait à l'heure où nous parlons, si la société française s'y était assise, si ses mœurs s'étaient faites depuis soixante ou soixante-dix ans avec une constitution républicaine, il est infiniment probable que je ne vous demanderais pas de fonder un Empire ; surtout si cette République était très modérée et ne comportait d'autres libertés — la liberté a des dangers dont j'essaierai de vous parler — que celles dont nous jouissons à cette heure. Mais voulez-vous tenter cette redoutable expérience du changement de la forme de votre gouvernement ?

Aussi ai-je le droit d'affirmer aujourd'hui ce que je disais dans l'*Indépendant* au lendemain de la discussion, que le discours de M. Brisson n'avait pas porté et que le rejet du divorce n'était dû qu'à des motifs d'opportunité politique. La suite des faits l'a prouvé. Le résultat moral de cette première bataille n'avait donc rien de rassurant pour les adversaires de la réforme que nous apportions au pays ; et M. Brisson m'avouait avec un fond de tristesse qu'il était loin de se montrer satisfait.

Voici comment moi-même, sous l'influence directe des événements, j'appréciais la situation dans un article du *Petit Lyonnais*, publié le 14 février 1881 :

...... Je veux me borner aujourd'hui à examiner la situation que nous fait le dernier vote de la Chambre.

Cette situation n'est ni meilleure ni pire que celle

que nous aurait faite un vote favorable. Dans tous les cas, il aurait fallu reprendre la question après les élections générales, puisqu'il est certain que le Sénat ne se serait pas prononcé avant. Nous la reprendrons, et cette fois d'une façon victorieuse.

L'idée du divorce a fait en France des progrès rapides. Accueillie en 1876 par des éclats de rire, ma proposition était prise en considération en 1879, et, en 1881, il s'en est fallu de 31 voix qu'elle ne reçût la consécration des représentants du pays. La question est, dès à présent, nettement posée. Les fractions les plus modérées du parti républicain se sont ralliées à la réforme pour laquelle nous luttons ; toute la presse défend notre cause ; le succès est certain d'ici peu.

Et après le triomphe, il en sera de cette question comme de toutes celles qui ont passionné les esprits pendant un moment, et dont, une fois qu'elles ont été résolues, on n'a plus compris que la solution n'ait pas été plus hâtive. On s'étonnera des hésitations, des craintes, des retards accumulés par l'esprit de routine, et les plus apeurés d'aujourd'hui seront les premiers à reconnaître l'excellence de l'œuvre réalisée.

Quant au succès en lui-même, il n'est pas douteux. L'immense majorité des députés républicains qui se sont prononcés contre le divorce, y ont été amenés par de simples considérations politiques. Ils ont craint de livrer aux ennemis de la République une arme que ces derniers exploiteraient dans les campagnes.

En 1882, lorsqu'une nouvelle élection aura eu lieu, que chacun aura pu s'expliquer devant ses électeurs, ceux-là mêmes se sentiront libérés qui ne croient pas l'être à cette heure et le rétablissement du titre VI de notre ancien Code civil ne rencontrera plus d'obstacle.

Cet article était l'expression exacte de la situation. Le flot montait et rien ne pouvait plus l'arrêter. Mais n'anticipons pas sur les événements.

CHAPITRE II

TROISIÈME LÉGISLATURE

Les élections de 1881 réalisèrent mes prévisions.

Aucun des députés républicains qui avaient émis un suffrage en faveur du divorce ne fut inquiété en raison de ce vote.

Il est vrai d'ajouter que ceux qui s'étaient prononcés en sens contraire ne furent pas pris à partie non plus à ce propos.

Mais cela ne présentait rien d'étrange.

Le divorce ne passionnait pas le public.

Cette question n'intéressait heureusement, à un point de vue personnel, qu'un nombre restreint d'individus. Et comme, en dehors des grands courants de foi politique ou religieuse qui secouent les peuples à de rares intervalles, nous n'apportons guère de passion qu'à ce qui nous touche de près, il est aisé de comprendre cette indifférence du corps électoral. Il ne s'enthousiasmait pas pour la loi nouvelle, mais il l'acceptait, parce qu'il avait compris qu'il serait inique de la refuser à ceux qui la réclamaient avec ardeur pour refaire leurs existences brisées. Il laissait ses représentants libres de leurs actes à cet égard.

Fort de cette adhésion tacite que m'apportait le verdict du pays, je déposai pour la troisième fois ma proposition de loi dans la séance du 11 novembre 1881. La voici :

Annexe au procès-verbal de la séance du 11 novembre 1881.

PROPOSITION DE LOI

relative au rétablissement du divorce

Présentée par M. Alfred NAQUET, Député.

EXPOSÉ DES MOTIFS

Messieurs,

Dans la séance de la Chambre des Députés, du 6 juin 1876, j'avais l'honneur de déposer une proposition de loi tendant au rétablissement du divorce. Cette proposition qui s'inspirait des principes de 1792, bien plus que de ceux du Code civil, fut presque accueillie comme une excentricité par mes collègues et par le pays, tant la question était peu mûre à ce moment-là.

Le 4 décembre suivant, l'honorable M. Constans, au nom de la 3e Commission d'initiative, traduisait ce sentiment dans un rapport qui concluait à la non-prise en considération de ma proposition et qui ne fut jamais discuté. Il allait l'être lorsque le 16 mai vint interrompre le travail parlementaire et faire tomber tous les projets dont la Chambre était saisie.

Réélu le 7 avril 1878, je présentai de nouveau ma proposition à la Chambre le 21 mai suivant. Cette fois seulement j'abandonnai ma rédaction première pour adopter le texte du Code civil, auquel je me bornai à faire subir quelques légères modifications.

La Commission d'initiative ne se montra guère plus favorable à mon nouveau projet que celle de 1876 ne l'avait été à mon projet primitif. Le 13 mars 1879, l'honorable M. Hippolyte Faure déposait un rapport qui, comme celui de M. Constans, concluait à la non-prise en considération.

Mais, le 27 mars 1879, j'en appelai du jugement de la Commission à celui de la Chambre et, comme déjà la question avait mûri, la Chambre, à une très grande majorité, invalida les conclusions qui lui étaient soumises et prit en considération ma proposition de loi.

Une Commission définitive fut élue dans les bureaux, et 9 de ses membres sur 11 se montrèrent favorables au rétablissement du divorce. M. Léon Renault, que nous avons le regret de ne plus compter au nombre de nos collègues, fut choisi pour rapporteur et rédigea un rapport magistral, que la plupart de vous ont pu lire et dont ils ont pu reconnaître la puissance d'argumentation.

Le 7 et le 8 février 1881, les conclusions de ce rapport furent portées devant la Chambre. Mais là, malgré les éloquents discours que prononcèrent M. Léon Renault et M. de Marcère, et malgré celui que je prononçai moi-même, la proposition de loi fut repoussée par une majorité de 38 voix.

Je pus écrire toutefois dès le lendemain que la victoire que venaient de remporter les ennemis du divorce était une victoire à la Pyrrhus, et c'en était une.

Ce n'est point en effet par des considérations de principes que la majorité de nos collègues s'était prononcée contre le rétablissement du titre VI du Code civil : ils sont très rares parmi les républicains ceux qui sont systématiquement hostiles à ce rétablissement, et l'honorable M. Brisson ne compte pas un grand nombre d'adeptes sur ce point parmi nous. Si les conclusions de la Commission dont M. Léon Renault était le rapporteur ont été rejetées, c'est par des considérations politiques à l'honorabilité desquelles je me plais à rendre hommage.

Un député peut avoir des idées propres sur une question quelconque. Mais il n'est pas un souverain, il est un mandataire, et, fût-il partisan d'une réforme, il n'aurait pas le droit de la voter s'il croyait être sur ce point en opposition avec ses mandants, ou si seulement il n'était pas convaincu qu'il a l'adhésion de ces derniers.

Or, le divorce, je l'ai dit, était l'objet de grands préjugés en 1876. Il n'avait pu en être question aux élections de 1877, et, malgré le chemin parcouru, beaucoup de membres de cette Chambre craignaient que le projet ne rencontrât encore des résistances dans le corps électoral.

Ils voulaient, pour faire tomber tous leurs scrupules, attendre les élections générales. Si alors, malgré le bruit qu'avait fait la proposition, malgré la grande discussion à laquelle elle avait donné lieu et le retentissement qui en avait été la conséquence, si, malgré cela, les électeurs ne manifestaient pas nettement leur volonté de maintenir l'indissolubilité du mariage, s'ils se prononçaient en faveur du divorce, ou si, par leur silence, ils se désintéressaient de la question, les Députés seraient libres et pourraient voter suivant les inspirations de leurs consciences.

Ils le sont aujourd'hui. Le rétablissement du divorce figure dans bien des programmes. Sur aucun programme républicain, par contre, ne figure l'indissolubilité du mariage.

La Chambre, affranchie de tout scrupule à cette heure, peut donc réaliser la réforme que je préconise depuis 1876 ; elle le peut avec la certitude de ne pas outrepasser ses pouvoirs, de demeurer en plein accord avec le suffrage universel.

C'est ce qui m'encourage à venir reprendre devant elle, pour la dernière fois, je l'espère, la proposition que, déjà deux fois, j'ai soumise à ses délibérations.

Ma proposition actuelle n'est autre que celle qui émanait de la dernière Commission parlementaire. Je ne reprends pas les amendements au Code civil que la Commission avait repoussés, mais seulement ceux en faveur desquels elle s'était prononcée.

Je n'apporte à son travail qu'une modification et une addition. Et, si je le fais, c'est uniquement parce que l'idée de cette modification et de cette addition ne s'est présentée que tout récemment à mon esprit, et parce que je suis convaincu que, si elle avait été appelée à donner son avis, la Commission les aurait adoptées.

Le projet de la Commission renfermait un article transitoire ainsi conçu :

Art. 1. — « Les époux séparés de corps, antérieurement à la promulgation de la présente loi, auront sans distinction entre le demandeur et le défendeur, la faculté, lorsque le jugement prononçant la séparation sera devenu définitif depuis trois ans au moins, de faire convertir leur séparation en divorce sans requête et par assignation à bref délai.

« Le jugement qui convertira la séparation de corps en divorce sera rendu en audience publique.

« L'époux contre lequel la séparation aura été prononcée pour adultère ne sera pas admis à réclamer le bénéfice de cette disposition.

« Les instances en séparation de corps introduites au moment de la promulgation de la présente loi, pourront être converties par le demandeur en instances de divorce ».

Il m'a paru qu'au lieu de cet article transitoire, qui est en opposition avec les dispositions de l'article 310 du Code civil, et dont je ne conserverais alors que le dernier paragraphe, il serait plus sage de modifier l'article 310 lui-même, comme l'avait proposé la Commission exécutive de gouvernement en 1848.

L'article 2 du projet de loi déposé les 26 mai 1848 sur le bureau de l'Assemblée constituante par M. A. Crémieux était ainsi conçu :

« *Art.* 2. — L'article 310 du Code civil est modifié comme il suit :

« Tout jugement de séparation de corps devenu définitif depuis trois ans au moins sera converti en jugement de divorce, sur la demande formée par l'un des époux sur requête et assignation à bref délai.

« Le jugement qui prononcera le divorce sera rendu à l'audience.

« L'époux condamné pour adultère n'est pas admis à réclamer le divorce. »

Quant à l'addition que je fais subir au projet de la Commission de 1879, elle m'a été suggérée par un jurisconsulte distingué, M. Ephise Simond, de Gex, et elle a pour but de combler une lacune. Il s'agit, en effet, de rendre applicables au divorce les dispositions relatives au désaveu de paternité que la loi du 6 décembre 1850 a introduites dans l'article 319 du Code civil, et qui s'appliquent à la séparation de corps.

J'ajoute également au projet primitif de la Commission un article 6 portant que la loi est applicable à l'Algérie et aux Colonies. Mais cette disposition avait été proposée par les députés des Colonies sous la forme d'un amendement que la Commission avait adopté : Elle faisait donc partie de son projet définitif.

En conséquence j'ai l'honneur de présenter à la Chambre des Députés, la proposition de loi dont la teneur suit :

PROPOSITION DE LOI.

Article premier

La loi du 8 mai 1876 est abrogée.

Art. 2

L'article 227 du Code civil est rétabli dans ces termes :

Le mariage se dissout :

1° Par la mort de l'un des époux ;

2° Par le divorce légalement prononcé.

Art. 3

Le titre 6 du Code civil est rétabli avec les modifications suivantes :

1° L'article 231 du Code civil est ainsi modifié :

Les époux pourront réciproquement demander le divorce pour excès, sévices et injures graves de l'un envers l'autre, ainsi qu'à raison de la condamnation de l'un d'eux à une peine simplement correctionnelle : pour vol, escroquerie, abus de confiance, outrage public à la pudeur.

2° L'art. 232 est ainsi modifié :

La condamnation de l'un des époux à une peine infamante autre que le bannissement et la dégradation civique prononcés pour cause politique sera, pour l'autre époux, une cause de divorce.

L'absence déclarée d'un des époux sera pour l'autre époux une cause de divorce.

3° L'art. 238 du Code civil est ainsi modifié :

Le juge ordonnera au bas de son procès-verbal que les parties comparaîtront en personne devant lui au jour et à l'heure qu'il indiquera et que chacune d'elles devra convoquer pour assister à cette comparution ses trois plus proches parents ou alliés, dans les termes des articles 407 et suivants du Code civil. A cet effet, copie de son ordonnance sera par lui adressée à la partie contre laquelle le divorce est demandé.

4° L'art. 239 est ainsi modifié :

Au jour indiqué, le juge assisté des six plus proches parents ou alliés des époux convoqués comme il est dit à l'art. 238 fera aux deux époux, s'ils se présentent, au demandeur s'il est seul comparant, les représentations qu'il croira propres à provoquer un rapprochement : s'il ne peut y parvenir, il en dressera procès-verbal et ordonnera la communication de la demande et des pièces au ministère public et le référé du tout au tribunal.

5° L'art. 277 du Code civil, qui dispose que le divorce par consentement mutuel ne pourra plus être admis après 20 ans de mariage, ni lorsque la femme aura 45 ans, est abrogé.

6° L'art. 295 du Code civil est ainsi modifié :

Les époux qui divorceront pour quelque cause que ce soit ne pourront plus se réunir si l'un ou l'autre a postérieurement au divorce, contracté un nouveau mariage. Au cas de réunion des époux, une nouvelle célébration du mariage sera toujours nécessaire. Les époux ne pourront adopter de conventions matrimoniales autres que celles qui réglaient originairement leur union. Après la réunion des époux il ne sera reçu de leur part aucune nouvelle demande de divorce pour quelque cause que ce soit, autre que celle d'une condamnation à une peine infamante prononcée contre l'un d'eux depuis leur réunion.

Art. 4

L'article 310 du Code civil est modifié comme il suit :

Tout jugement de séparation de corps devenu définitif depuis trois ans au moins, sera converti en jugement de divorce sur la demande formée par l'un des époux sur requête et assignation à bref délai.

Le jugement qui prononcera le divorce sera rendu à l'audience.

L'époux condamné pour adultère n'est pas admis à réclamer le divorce.

Art. 5

Le paragraphe ajouté à l'article 312 du Code civil par la loi du 6 décembre 1850 est modifié comme il suit :

En cas de divorce ou de séparation de corps demandée ou prononcée, le mari pourra désavouer l'enfant qui sera né 300 jours après le procès-verbal dressé par le juge, en conformité de l'article 239 du Code civil, ou après l'ordonnance du président rendue aux termes de l'article 878 du Code de procédure civile, et moins de 180 jours depuis le rejet définitif de la demande ou depuis la réconciliation.

L'action en désaveu ne sera pas admise s'il y a eu réunion de fait entre les époux non divorcés.

Art. 6

La présente loi est applicable à l'Algérie et aux Colonies.

Article transitoire

Les instances en séparation de corps pendantes au moment de la promulgation de la présente loi, pourront être converties par le demandeur en instances de divorce.

La proposition ne se présentait plus avec le caractère timide qu'elle avait revêtue en 1876 et 1878. Elle affectait maintenant la forme résolue des projets dont le succès ne paraît plus douteux.

La commission d'initiative, de son côté, ne lui opposait plus ni le persiflage de M. Constans, ni les fins de non-recevoir de M. Hippolyte Faure. Elle se prononçait à l'unanimité pour la prise en considération, et M. de Marcère, son rapporteur sommaire, déposait le 26 novembre 1881 son rapport qui débutait ainsi :

La première Commission d'initiative parlementaire m'a fait l'honneur de me charger du rapport sur la proposition de l'honorable M. Naquet, relative au rétablissement du divorce.

A l'unanimité et sans discussion, la Commission s'est prononcée pour la prise en considération. La nécessité de soumettre le projet de loi à l'examen du Parlement, n'a fait doute dans l'esprit de personne.

C'est qu'en effet, cette question est arrivée à un état de maturité complète. S'il est vrai que les réformes les meilleures sont celles qui, avant de passer dans les lois, ont été longuement discutées devant l'opinion publique, aucune autre réforme n'a plus que celle qui est proposée par M. Naquet, subi avec avantage cette épreuve d'élaboration préalable.

Puis, après un historique fort condensé, il ajoutait :

Toutes les fois que les principes de la Révolution ont prévalu dans les événements qui ont agité notre pays depuis cent ans, l'établissement du divorce a figuré parmi les réformes que ces principes appelaient comme leur conséquence naturelle. Et maintenant, après dix années consacrées à l'œuvre de réparation nationale et à l'établissement d'un régime nouveau, le gouvernement est sollicité de toutes parts de se livrer à l'étude des questions de législation qui auront pour but de conformer l'état politique du pays et l'état des citoyens aux principes que ce régime comporte.

M. de Marcère dans ses vieux jours donne un spectacle pénible à ceux qui ont été ses amis autrefois. Il s'est enrôlé dans la bande sans principes des nationalistes, et il regrette, paraît-il, à cette heure, d'avoir coopéré au rétablissement du divorce. Mais cette fin lamentable ne me fait pas oublier les services rendus. Plus juste envers lui qu'il ne le fut envers moi quand je commis la faute de participer à l'équipée Boulangiste, j'ai toujours présents à l'esprit, et le concours précieux qu'il apporta, en 1881 et 1882, à l'œuvre de progrès dont j'avais pris l'initiative, et le rôle qu'il joua derrière Thiers et Gambetta de 1871 à 1878 dans l'établissement de la République en France.

Les événements se précipitent.

Le 21 janvier 1882, la Chambre nomme la Commission chargée d'examiner le fond de la proposition. Celle du 10 juin 1879 renfermait deux membres hostiles contre neuf favorables. Celle-ci est favorable à l'unanimité. Le 14 mars 1882, M. de Marcère présente le rapport définitif, et la première délibération s'ouvre le 6 mai 1882. La discussion générale fut brillante, mais inutile. L'opinion des députés était faite, et seule la discussion des articles présentait un intérêt désormais. Elle fut décidée le 8 mai par 333 voix contre 122 sur 455 votants, et les articles ayant été successivement adoptés, le passage à une seconde délibération fut voté le même jour.

Dix-neuf jours plus tard, le 27 mai, M. de Marcère présentait son rapport supplémentaire. La deuxième délibération s'ouvrait le 13 juin, et le 19 juin 1882, après que tous les articles eurent été successivement discutés et admis, la proposition fut adoptée par la Chambre à une majorité de 331 voix — 469 contre 138 —.

On peut presque dire que l'opposition avait disparu. A droite on combattait encore pour la galerie, la plate-forme du parti l'exigeant ; mais au fond plusieurs membres de ce côté de l'assemblée désiraient être battus, et je puis sans indiscrétion rappeler le fait d'un de mes collègues, qui dans les couloirs m'apportait confidentiellement, sur la jurisprudence de l'Église, des renseignements propres à réfuter l'argumentation des militants de son parti.

Il n'était d'ailleurs pas le seul à penser ainsi. Plus tard, au Sénat, ayant rencontré M. Batbie à la buvette, je lui demandai si en son âme et conscience il n'était pas favorable au rétablissement du divorce.

« Membre de la section de législation d'un Conseil d'État, me dit-il, j'en voterais le rétablissement. Mais ici je ne suis pas un simple législateur. Je suis un homme politique, je ne puis me séparer de mon parti. »

Avec le vote du 19 juin finit le premier acte de la pièce, la toile tombe, et le second acte va s'ouvrir sur une seconde scène, à l'assemblée du Luxembourg.

CHAPITRE III

ACTION EXTRA-PARLEMENTAIRE

Pendant la durée de toute la première période de l'action, j'avais obtenu dans le Parlement des appuis précieux ; et l'intervention d'hommes aussi modérés en politique et aussi nets sur la question du divorce que M. Léon Renault et M. de Marcère, contribua pour une très grande part au succès.

D'autres concours m'arrivèrent aussi du dehors qui, en m'aidant à fixer l'opinion publique, n'y contribuèrent pas moins.

Sans parler de la presse quotidienne, qui fut presqu'unanime à me soutenir, mais dont l'effort éparpillé ne se prête pas à une analyse détaillée, il convient de placer ici, en première ligne, l'aide que m'apporta M. Alexandre Dumas fils.

C'était un homme étrange que M. Alexandre Dumas. En politique, il était monarchiste et réactionnaire. Il avait en horreur la République et la démocratie.

En religion, il était entièrement affranchi. Il n'avait pas fait baptiser ses filles, il les avait élevées dans la libre-pensée, et il les avait mariées civilement.

En matière sociale, enfin, il se montrait partisan résolu des réformes. A propos de son œuvre il aurait pu écrire, comme Victor Hugo qu'il n'aimait pas, dont il n'était pas aimé, mais auquel il fit néanmoins à Bex, en 1883, une visite respectueuse à laquelle j'assistais :

> J'ai réhabilité le bouffon, l'histrion
> Tous les damnés humains, Triboulet, Marion
> Le laquais, le forçat et la prostituée.

La *Dame aux Camélias*, a sa place marquée à côté de Marion Delorme. Sans doute, l'auteur d'un si grand nombre de romans et de pièces de théâtre, où ont été remuées tant d'idées, a eu le tort de proférer à propos de la femme adultère son abominable « tue-la » qui légitimait pour ainsi dire le cabotinage du crime passionnel. Mais « la question du divorce » qu'il publia en 1880, et dont le retentissement fut alors si profond, a complètement fait oublier le mal produit par cet apophthegme homicide.

Cet admirable ouvrage, auquel, dès 1879, il avait préludé par des articles au *Figaro*, était dédié à l'abbé Vidieu, auteur d'un livre *Famille et Divorce*, où se trouvaient réunis tous les arguments théologiques de nos adversaires. C'était par suite, au point de vue de la théologie, de la Bible, des Écritures, qu'était étudiée la question dans le travail d'Alexandre Dumas.

En abordant ce côté dogmatique de la réforme discutée, l'auteur s'engageait sur un terrain presque vierge, car, sans le négliger, les hommes de 1789, de 1830, de 1848, et ceux de notre époque, en avaient surtout examiné le côté social. Aussi son étude fut-elle lue avec passion et acheva-t-elle de faire tomber les préjugés et de faire pénétrer la vérité dans les esprits rebelles.

Comme le père Didon dans ses conférences de Saint-Philippe-du-Roule, l'abbé Vidieu avait fait appel à la Bible : il avait rappelé l'union indissoluble d'Adam et d'Ève, de cette famille « ainsi constituée par le mariage tel que Dieu l'a établi, et qui devient un temple sacré, un sanctuaire mystérieux et doux dont les cœurs unis forment l'autel ».

J'avais déjà répondu à ce singulier argument que si Adam et Ève, seuls sur la terre aux termes de la fable biblique, avaient formé ce qui était dès lors fort naturel, une union monogame et indissoluble, il en avait été tout autrement de leur postérité.

Cette polygamie des patriarches, descendants d'Adam et d'Ève, M. Alexandre Dumas la démontrait par des citations suggestives de la Bible, telles que celle-ci :

Mais la famine étant survenue dans le pays, Abraham descendit en Egypte pour y demeurer quelque temps, car la famine était grande au pays.

Et il arriva, comme il était près d'entrer en Egypte, qu'il dit à Sarah sa femme :

« *Voici je sais que tu es une belle femme, et il arrivera que, lorsque les Egyptiens t'auront vue, ils diront : « C'est la femme de cet homme-là », et ils me tueront, mais ils te laisseront vivre.*

« *Dis donc, je te prie, que tu es ma sœur afin que je sois bien traité à cause de toi et qu'ils me sauvent la vie à ta considération.* »

Il arriva donc, sitôt qu'Abraham fut venu en Egypte, que les Egyptiens virent que cette femme était fort belle.

Les principaux de la cour de Pharaon la virent aussi et la louèrent devant le roi, et elle fut enlevée pour être menée dans la maison de Pharaon.

Lequel fit du bien à Abraham à cause d'elle, de sorte qu'il en eut des brebis, des bœufs, des ânes, des serviteurs, des servantes, des ânesses et des chameaux.

Mais l'éternel frappa de grandes plaies Pharaon et sa maison, à cause de Sarah, femme d'Abraham.

Alors Pharaon appela Abraham et lui dit : « *Quest-ce que tu m'as fait? Que ne m'as-tu averti qu'elle était ta femme ? Pourquoi as-tu dit : « C'est ma sœur ».* Et je l'avais prise pour être ma femme ; mais maintenant voici ta femme, prends-la et t'en vas.

Et à propos de ce passage, Alexandre Dumas faisait les réflexions suivantes :

Que pensez-vous, Monsieur l'abbé, entre nous, de ce patriarche, en qui l'esprit de Dieu est toujours présent, avec qui Dieu a fait alliance parce qu'il est un homme vertueux et qu'il a contracté conséquemment le mariage un et indissoluble, établi par Dieu lui-même dans l'union d'Adam avec Eve ; que pensez-vous de cet époux selon Dieu, qui prévoyant ce qui va arriver, recommande à sa femme de dire qu'elle n'est que sa sœur, qui la laisse partager la couche du roi pour n'être pas mis à mort, qui finalement tire de la situation des brebis, des chameaux et des ânes, et qui ne la reprend que quand Pharaon la lui rend en lui faisant des reproches très mérités sur sa conduite, et qui prouvent que le roi d'Egypte avait sur la morale des notions plus exactes qu'Abraham en alliance avec Dieu? Ce qui n'empêchera pas Abraham, quelques années plus tard, de recommencer avec Séchem ce qu'il vient de faire avec Pharaon, sans que Dieu trouve jamais rien à redire à la chose, puisque quelques versets plus loin, lorsqu'Abraham se sera séparé de son neveu Loth, un autre patriarche qui aura une manière à lui d'élever ses filles et de perpétuer sa race, Dieu apparaîtra de nouveau à Abraham et, sans lui faire le moindre reproche de sa conduite avec sa femme, sans y faire même la moindre allusion, il confirmera son alliance et lui dira :

« Je te donnerai, et à ta postérité, pour jamais tout le pays que tu vois. »

M. Dumas montrait ensuite Abraham recevant, pour avoir une postérité, une maîtresse qui n'était autre que sa servante, Agar, et que lui amenait sa femme Sarah.

On pouvait aisément comprendre à la lecture de ces textes pourquoi les catholiques sont tenus de ne pas lire la Bible, et qu'il faut un certain aplomb à leurs prêtres pour venir déclarer que la monogamie et l'indissolubilité du mariage trouvent un point d'appui dans l'Ancien Testament.

Mais l'auteur de la question du divorce ne s'en tenait pas là, il abordait le Nouveau Testament — la vraie arche sainte. — Il faisait appel au texte de saint Mathieu, qui permet le divorce pour le cas d'adultère, et, rappelant les pénalités horribles dont l'adultère a été frappé par presque toutes les législations, il n'avait pas de peine à établir — ce qui était d'ailleurs sa justification propre — qu'en refusant le divorce on aboutissait en fait au sinistre « tue-le » ou « tue-la », qui n'est autre chose que le retour à la barbarie.

Enfin, il avait osé dire que l'Église masque de véritables divorces sous l'apparence de nullités, en ce sens que ces nullités sont basées sur des causes postérieures au mariage, quoique, pour la forme, la curie romaine ait soin de les motiver sur des faits prétendus antérieurs, mais imaginés pour les besoins de la cause, et qui n'ont jamais existé dans la réalité.

Ainsi, il racontait comment une courtisane célèbre (Mme de Païva), qui, en 1871 ou 1872, avait épousé un catholique appartenant à un pays où le mariage est matière purement ecclésiastique (1), voulut plus tard rompre cette union pour en contracter une nouvelle avec un hérétique millionnaire, absolument désireux de lui donner son nom, et comment l'Église annula le premier mariage sous le prétexte qu'il n'avait jamais été consommé.

Après quoi, M. Alexandre Dumas poursuivait :

> Je suis curieux de savoir, étant donnée la situation antérieure de la double épouse, comment l'Eglise a pu acquérir la preuve certaine que le mariage n'avait jamais été consommé. Les deux époux l'ont déclaré et l'Eglise s'est contentée de leur déclaration.

Il montrait aussi avec une grande hardiesse que, pour être conséquente, l'Église, en 1816, en même temps que l'abrogation du divorce, aurait dû réclamer, au même titre, le rétablissement des vœux monastiques légalement obligatoires, ce dont elle s'est bien gardée.

(1) L'Autriche.

Et tirant de ces prémisses une conclusion inattendue :

Ainsi, Monsieur l'abbé, les prêtres ont le divorce et nous ne l'avons pas. Tandis que les Français ont perdu le droit de divorcer d'avec l'épouse adultère, homicide, voleuse, galérienne, tandis que les Françaises ne peuvent divorcer d'avec l'époux adultère, homicide, voleur, galérien, vous qui êtes unis à l'épouse infaillible, immaculée et impeccable, l'Eglise, vous avez le droit de la répudier du jour au lendemain sans avoir à en appeler à un autre tribunal que celui de votre conscience; les religieuses qui ont épousé Jésus ont le droit, sans que rien au monde puisse les en empêcher, de rompre les noces divines. Vous n'usez que bien peu de ce droit, direz-vous, sans doute à cause des qualités particulières de l'époux et de l'épouse, mais enfin, ce droit, vous l'avez, et nous n'avons pas le droit équivalent.

Tel fut le livre de M. Alexandre Dumas. Quelques jours après sa publication j'en rendais compte dans *le Voltaire* et je le signalais comme de nature à faciliter l'œuvre législative entreprise par d'autres, et à exercer une action bienfaisante sur les mœurs.

Il l'a exercée cette action féconde, et il a eu une grande part dans la victoire que les défenseurs de la liberté ont finalement remportée.

Quelque conservateur qu'il pût se croire, le puissant écrivain avait, en cette circonstance, mis au service des principes de la Révolution l'autorité dont il jouissait dans ce qu'on est convenu d'appeler *le monde*, il avait fait en somme œuvre républicaine.

Aussi bien au lendemain de la victoire remportée au palais Bourbon, je ne résistai pas au désir de signaler à mon éminent collaborateur la contradiction qui paraissait exister entre ses conceptions politiques et ses conceptions religieuses et sociales. Le 22 juin 1882, je fis paraître dans *le Voltaire* une lettre à son adresse qui débutait ainsi :

Eh bien ! M. Alexandre Dumas que vous en semble ? Vous avez été comme moi l'un des défenseurs les plus ardents du divorce. Vous avez écrit en faveur de cette grande réforme, un de ces livres qui restent. Vous avez atteint le préjugé clérical dans des milieux, dans des sphères, ou certainement ni moi, ni M. Léon Renault, ni même M. de Marcère, n'aurions pénétré : dans des milieux rétrogrades sur lesquels vous avez empire parce que vous etes classé, à tort selon moi, parmi les réactionnaires, ce qui m'a fait penser quelquefois que le vieux proverbe n'est pas si bête, et qu'à quelque chose malheur est bon. Cette victoire que nous venons de remporter à la Chambre — victoire décisive, car le Sénat votera, et, si même il ne votait pas la première fois, il ne pourrait pas opposer un obstacle de bien longue durée à ce que veut résolument le pays, — cette victoire est la vôtre comme la nôtre, et vous en êtes heureux comme M. de Marcère, M. Léon Renault et moi, — vous me le disiez il y a quelques jours à peine. Mais que dites-vous de la République, de la liberté, du gouvernement représentatif qui nous a permis de l'obtenir ?

Avancé par les idées générales, vous êtes arriéré en politique pure. Vous avez des préventions contre le suffrage universel et contre la République. Vous ne croyez pas à la puissance productrice de la démocratie ? Est-ce que ce fait considérable, le rétablissement du divorce voté par la Chambre à une majorité de 331 voix, ne va pas modifier sur ce point vos opinions ?

Lorsque je commençais, au *Voltaire*, cette campagne, qui sera bientôt tout à fait terminée, je la commençais en parlant de vous.

« Un homme de grand esprit, disais-je, un auteur célèbre qui ne partage pas nos idées politiques, mais avec qui je me trouve d'accord sur la question du divorce, ce qui m'a procuré l'agrément de quelques charmantes heures passées avec lui, M. Alexandre Dumas développait l'autre jour ses idées devant moi dans une comparaison charmante.

« La Monarchie, me disait-il, est une bouteille qu'on « emplit par le goulot, et la République une bouteille « que l'on chercherait à remplir par le fond. »

Il ajoutait que c'est là la supériorité de la Monarchie :

« Quand Voltaire avait su captiver Frédéric ou « Catherine, il était maître du goulot de ces deux bou- « teilles : La Prusse, la Russie ; il lui était facile de les « remplir.

« Sous la République, il faut convaincre tout le « monde ; le travail se défait en même temps qu'il se « fait ; c'est une toile de Pénélope. »

Et je poursuivais :

« M. Alexandre Dumas avait raison ; mais, ne lui en déplaise, je vois la supériorité de la République là où il voit la supériorité de la Monarchie.

« Sans doute un monarque absolu, un César, peut

imposer, lorsqu'il est convaincu de sa nécessité, une réforme utile à un peuple qui n'est pas préparé à la recevoir, comme le fit Napoléon III à propos des traités de commerce, auxquels pour ma part, j'ai applaudi. Mais il n'est pas toujours facile de se rendre le monarque favorable ; lorsqu'un homme est rétif, on a moins d'action sur lui que sur un peuple ; un seul homme peut opposer une opiniâtre résistance à la vérité ; un peuple ne résiste pas à son empire, quand ceux qui s'en font les champions peuvent la défendre librement devant lui. »

J'écrivais cela le 3 juillet 1879, il y a par conséquent trois ans aujourd'hui. Les faits ont-ils assez justifié ma théorie, et, en homme de progrès et de bonne foi que vous êtes, n'allez-vous pas reconnaître que j'avais raison et que le gouvernement de tous est plus profitable aux idées progressistes que le gouvernement d'un seul ?

Voyons ! pensez-vous, un seul instant que le divorce eût jamais été rétabli en France par un monarque, et surtout par un monarque absolu tel que vous le rêvez ?

Vous ne pouvez pas le croire, car l'histoire même serait là, si vous aviez cette tendance, pour vous démontrer votre erreur.

. . . .

. . . .

. . . .

Lorsqu'il s'agit d'une de ces questions sur lesquelles l'entourage du souverain est divisé, le souverain peut faire pencher la balance. Mais là se borne son pouvoir.

Dès que la question est de celles que son entourage repousse, et surtout de celles que la religion fait siennes, le souverain qui songe à la conservation de son sceptre, et qui ne veut pas tourner contre lui une force aussi redoutable, le souverain fait fléchir sa volonté, et la réforme ne s'accomplit pas.

Cela devient plus vrai encore lorsque la réforme

rencontre dans les masses — comme c'était le cas pour le divorce avant 1876 — des préjugés qu'il faut déraciner et qui seraient facilement exploités contre le gouvernement. Placé entre le danger de ces excitations périlleuses, et celui plus grand encore de l'instauration d'une liberté politique, qui seule permettrait de réfuter les sophismes répandus pour fausser l'opinion ; entre ces deux dangers, le despote n'hésite pas : il laisse dormir la réforme. Il conserve sa couronne et le progrès attend.

Et si d'aventure il arrive — une fois par dizaine de siècles — un de ces hommes gigantesques qui ne respectent aucune autre volonté que la leur, qui brisent sous leurs pieds toute résistance, pour qui il n'existe ni représentation régulière du pays, ni aristocratie, ni camarilla qui tiennent, qui ne connaissent aucun obstacle en dehors de la force matérielle, et qui broient tout sur leur passage jusqu'à ce qu'ils soient broyés à leur tour ; s'il arrive un Napoléon Ier, et que celui-ci réalise une réforme non réclamée par l'opinion, la réforme dure ce qu'il dure lui-même. La loi est éphémère et factice. Elle vit de sa vie et disparaît avec lui.

Tel a été le cas du divorce, créé par la dictature révolutionnaire d'abord, maintenu ensuite par la dictature impériale, mais que jusqu'à ces derniers jours la masse du pays ne comprenait pas et que le souffle rétrograde de 1816 a emporté.

Grâce, au contraire, au gouvernement républicain, à la liberté républicaine, le pays s'est éclairé. Ce qui lui apparaissait jusqu'ici comme un mal lui est apparu comme hautement moralisateur. Et voilà le divorce qui triomphe à la Chambre des députés, et qui triomphera bientôt devant le Sénat.

Ça été long, c'est vrai. Il aura fallu près de sept (1)

(1) En réalité il en a fallu huit.

années pour rétablir le titre VI du Code civil dans notre législation. Mais il y sera rétabli et on ne l'en arrachera plus.

Avec la dictature, ce rétablissement n'aurait jamais eu lieu, ou, s'il avait eu lieu, il n'aurait point été durable.

N'est-ce pas, malgré ses lenteurs, le régime de la liberté qui est encore le plus fécond, et, j'ajouterai, le plus rapide ?

Encore une fois, mon cher collaborateur, que vous en semble ?

Cet article me valut une réponse d'Alexandre Dumas, publiée en 1882 chez Calmann-Lévy sous le titre LETTRE À M. NAQUET, dont un exemplaire porte la dédicace suivante :

A Monsieur Naquet,

Son complice récalcitrant et dévoué,

A. DUMAS FILS.

Ce n'était pas une adhésion à la République, mais c'était un de ces morceaux de littérature qui honorent à la fois la langue et l'écrivain.

M. Alexandre Dumas au fond n'était pas un monarchiste, c'était un aristocrate de la pensée. Comme Renan, il avait horreur de la foule, et rêvait de je ne sais quelle oligarchie intellectuelle qui planerait sur le monde. Il n'avait pas vu que le monde fait un tout, que de ce tout la foule fait partie comme la minorité pensante, et que ces diverses fractions doivent demeurer indissolublement liées.

Il viendra une époque où l'intelligence sera démocratisée, et où sous ce rapport il n'existera plus de tête ni de queue. En attendant, le devoir des ouvriers de la pensée est de se rapprocher sans cesse de la foule, au lieu de la tenir à l'écart.

Le travailleur absorbé par le labeur quotidien, et le bourgeois imbécile, chez qui les plaisirs et l'oisiveté ont tué la faculté d'aimer et de vouloir, ne les comprennent pas. Mais il leur appartient à eux de travailler à diminuer chaque jour les distances qui séparent les hommes.

A l'époque où M. Alexandre Dumas écrivait, ceux que l'on a appelés depuis des intellectuels demeuraient encore dans un limbe en dehors de l'humanité vivante. Si le grand Renan apercevait parfois, malgré son scepticisme, la voie qui s'imposait à lui; s'il a pu écrire la belle conférence publiée depuis par Psichari sur le rôle de la science dans ses rapports avec le peuple, il ne franchissait cependant pas totalement le fossé, et les autres restaient délibérément sur les bords. C'était le moment où Anatole France était réactionnaire, où il dînait chez le général Boulanger

— en ma compagnie, hélas ! — où il se réconciliait avec Laguerre, devenu boulangiste, et dont, lorsque ce dernier siégeait à l'extrême-gauche, la politique l'avait éloigné. — Il a fallu l'affaire Dreyfus, ce drame passionnant et bienfaisant au fond malgré les victimes qui y ont été broyées, pour éclairer tous les intellectuels, pour en faire des républicains et des socialistes, pour les faire descendre de leur tour d'ivoire, pour les mêler au peuple, dont auparavant ils ne défendaient la cause que par leur œuvre et inconsciemment.

Anatole France lui-même a écrit : « L'Affaire nous a rendus meilleurs ».

M. Alexandre Dumas est mort trop tôt. S'il avait été encore parmi nous de 1897 à 1899, il aurait vraisemblablement subi la même évolution que ses successeurs. A cette heure il serait sorti de son scepticisme et il travaillerait consciemment au progrès politique, inséparable du progrès moral.

Quoi qu'il en soit, et ne pouvant la reproduire tout entière, je tiens à citer au moins la fin de sa lettre de 1882. J'y tiens d'autant plus que, bien qu'elle demeurât en apparence étrangère à la question du divorce, au fond, elle apportait encore à notre grande entreprise un secours puissant par les liens plus intimes qu'elle établissait entre son œuvre et la mienne. Voici les six dernières pages de ce bijou littéraire :

Si vous voulez vous contenter de ma profession de foi, je vais vous la faire en quelques lignes.

Je crois être un des esprits les plus libres et les plus sincères qui soient ; je me crois capable de tout comprendre quand on me l'explique bien, quitte à chercher tout seul ce qu'on ne m'explique pas. Au fond, je suis pour l'éclectisme, avec quelques dispositions à la philosophie positive, c'est-à-dire exigeant toujours des preuves.

Je suis pour le plus grand développement possible des droits de la créature humaine, mâle et femelle, mais je n'irais pas, tout en ayant écrit *Tue-la*, jusqu'à couper le cou à mes adversaires pour les ranger à mon opinion.

Je veux la revision des lois jusqu'à ce qu'elles n'oppriment plus ni l'enfant, ni la femme, ni un seul innocent, même en faveur de cent mille coupables. Le nombre des criminels ne fait pas l'excuse du crime ; après quoi je demande la liberté sans limites pour chacun, en face d'une justice sans préférence pour personne.

Non, je n'aime pas la démocratie, mais seulement quand elle devient tapageuse et menaçante ; quand elle prétend en savoir tout de suite autant et même plus long que les gens qui ont passé leur vie à apprendre et à méditer, et quand elle se proclame supérieure et infaillible comme le pape. En revanche, j'ai pour le labeur de l'ouvrier obscur, honnête et courageux, une estime profonde et une sympathie qui va jusqu'à l'attendrissement. Je veux qu'on fasse le possible et l'impossible pour l'amélioration de son sort matériel, physique, intellectuel, social, moral. Comme écrivain j'y travaille, tous les jours, de ma plume, et, comme particulier de ma bourse.

J'aime passionnément mon pays. Je m'efforce, dans la carrière que j'ai embrassée, de servir à son développement intellectuel et moral, à la propagation des idées que je tiens pour saines et fécondes, à sa grandeur morale, enfin.

On m'y insulte de temps en temps, on m'y calomnie quelquefois. Qu'importe! l'homme n'est parfait nulle part, même en France, même en République, et nul n'est prophète en son pays comme a dit celui qu'on traite en même temps chez nous de Dieu et de saltimbanque.

Enfin, à travers et malgré les obstacles communs à tous, je me suis constitué en dehors de tous les partis, à la fois sans indifférence, sans crainte et sans calcul, cette fière indépendance dont je me vantais tout à l'heure auprès de vous. C'est elle qui m'a permis d'aller vous trouver et de faire, par l'esprit et par le cœur, alliance avec vous sur une question brûlante, à une époque où, tandis que, chez ceux que vous appelez les miens, on vous qualifiait de Jacobin sanguinaire, chez ceux qui se disent les vôtres, on me qualifiait de réactionnaire imbécile, soudoyé par l'Empire.

Laissez-moi donc mon indépendance ; elle pourra peut-être encore servir au succès de quelques-unes des idées qui nous sont communes. En attendant, elle m'autorise, tant ma sincérité est connue, à donner franchement la main à tous les hommes d'un esprit élevé, à quelque parti qu'ils appartiennent, à tous les hommes de bonne volonté, au milieu desquels vous êtes un des plus estimés, des plus vaillants et des plus utiles. Quant au gouvernement qui régira notre pays, peu m'importent son nom et sa forme.

Qu'il soit ce qu'il voudra ou ce qu'il pourra, pourvu qu'il fasse la France grande, respectée, libre, unie, tranquille et juste. Si c'est la République qui nous donne ce résultat, je serai avec la République, et je crois pouvoir vous promettre, alors, par dessus le marché, tous les honnêtes gens qui ne sont pas encore avec elle.

Veuillez agréer, mon cher Monsieur Naquet, l'assurance de mon bien sincère et bien affectueux dévouement.

A. Dumas fils.

22 juin 1882.

Une telle lettre, si fière et si sereine, ne pouvait qu'achever de ramener les gens de bonne foi à la réforme votée par la Chambre des députés; et elle dut certainement contribuer au vote du Sénat. Tant que l'initiative venait de moi seul, on pouvait y voir une espèce de revanche politique. L'intervention de M. Alexandre Dumas apportait à la loi un caractère d'intérêt social supérieur, et à celui qui avait entrepris la difficile tâche de la faire remettre en vigueur, un témoignage d'impartialité de nature à faire tomber les préventions qui existaient à son égard dans les salons bien pensants.

Et les salons sont loin d'être sans influence. Même sous notre régime démocratique, ils pèsent souvent dans la balance législative d'un poids plus fort qu'on ne le croit généralement. Tel député, assez sûr de sa réélection pour n'être pas tenu par des considérations d'ordre électoral, attache à l'opinion du monde autant d'importance que tel autre à celle de ses commettants. Lorsque, en 1886, Raoul Duval reprochait à ses collègues de droite de bouder la république par simple respect du « bon ton », il portait un jugement, probablement erroné dans la circonstance, mais qui, pour bien des membres du Parlement, aurait été fondé deux ou quatre ans auparavant quand il s'agissait du divorce.

En 1876 et 1877, il est certain, ainsi que le dit Alexandre Dumas, que, dans le camp conservateur, on me traitait volontiers de jacobin et de sanguinaire.

J'avais libéré les députés de la crainte de leurs électeurs par mes conférences. M. Alexandre Dumas les libérait de la peur des salons.

Il est juste cependant d'ajouter qu'avant la publication de la question du divorce, un incident de pur hasard, dont il aurait été impossible de prévoir les conséquences, était déjà venu modifier l'opinion à mon égard et m'apporter un élément de succès supérieur peut-être à celui que je puisais dans la discussion méthodique, tant il est vrai que le sentiment joue souvent un rôle supérieur à celui de la raison, et aussi que lorsqu'une transformation sociale est mûre, tout converge vers son accomplissement.

Le 28 mai 1879, le *Figaro*, où selon la personne qui tenait la plume le divorce était attaqué ou défendu, me consacrait un article plutôt malveillant.

J'avais pris sans m'en apercevoir, dans mon armoire, un mouchoir troué que j'avais déplié dans les couloirs de la Chambre. Le journal de la rue Drouot y trouva matière à un persiflage d'où semblait se dégager l'idée que mon éducation laissait à désirer.

En outre, et ceci était plus grave, il s'immisçait dans ma vie domestique et, rappelant que ma femme et moi vivions séparés, il insinuait que je demandais le divorce dans une vue intéressée. Enfin, il affirmait que j'étais marié religieusement.

Je répondis immédiatement par la lettre suivante :

Paris, le 29 mai 1879.

A Monsieur le rédacteur en chef du Figaro.

Monsieur,

Votre numéro d'hier, — portant la date d'aujourd'hui — renferme un article signé Rénal qui me concerne, et à propos duquel je vous demande une rectification.

Après quelques lignes sur mes imperfections physiques, qui n'avaient pas grand'chose à faire dans la question du divorce, mais qui, à tout prendre, peuvent très bien figurer dans un *portrait*, et dont, pour ma part, je ne me sens nullement blessé, vous dites :

« M. Naquet est marié, non civilement comme M. Jules Ferry, mais bel et bien de l'Eglise, selon toutes les règles..., etc. »

Il y a là, Monsieur, une erreur absolue et, afin de faire cesser une fois pour toutes ces versions inexactes qui se reproduisent à intervalles périodiques, je suis décidé à vous donner des explications sur ce point.

Israélite de naissance, libre-penseur de conviction, j'ai épousé une femme née catholique, mais qui acceptait alors mes idées, et le mariage contracté le 5 avril 1862 a été purement civil.

Nous avons eu trois enfants, auxquels nous n'avons donné aucune religion à leur naissance.

Deux sont morts et ont été enterrés civilement, l'un à Palerme en 1863, l'autre à Paris en 1867.

A propos de la mort du dernier, dont M. le cardinal de Bonnechose parla au Sénat en 1868, il y eut même une polémique dans les journaux, et vous retrouveriez une lettre de moi dans l'*Avenir National* de cette époque.

Mais depuis la mort de notre dernier enfant, ma femme est revenue au catholicisme.

Quoique mariée civilement, elle a reçu de la Chancellerie romaine un bref qui, pour éviter tout scandale, lui permet de se considérer comme ma femme bien que je lui sois étranger.

Elle a baptisé et voué à la Vierge mon fils, alors que j'étais prisonnier, et elle l'élève depuis lors dans les principes d'un catholicisme exagéré.

Ne pouvant supporter cette situation, je me suis séparé d'elle, quoiqu'ayant conservé avec elle les meilleurs rapports et quoique professant pour elle la plus parfaite estime. J'ajoute que cette séparation ne me rend point « intéressé » dans la question du divorce, cette loi étant une loi de justice que je réclame pour mon pays, *mais dont je n'ai pas la moindre velléité de me servir.*

Depuis cette séparation, j'ai été bien souvent troublé par des devoirs contradictoires : je me suis demandé si je devais — comme j'en ai reçu mille fois le conseil — reprendre mon fils ou l'abandonner à une éducation que je réprouve.

Je me suis décidé pour la dernière solution.

Suivant moi, lorsqu'une femme a porté un enfant et l'a mis au monde ;

Lorsqu'elle l'a fait vivre par des soins assidus, alors que cet enfant, très malade dès sa naissance, semblait voué à une mort certaine ;

Lorsqu'elle est ainsi deux fois sa mère, que d'ailleurs elle n'a que lui au monde et que le lui enlever serait la tuer...... et peut-être tuer l'enfant ;

Je ne crois pas qu'un homme de cœur puisse hésiter.

L'enfant, dans ce cas, quelques droits que la loi confère au père, appartient moralement à la mère.

C'est pourquoi, malgré la souffrance que me fait éprouver l'éducation — absolument contraire à mes idées — que reçoit mon fils unique, je suis obligé d'accepter cette situation, contre laquelle je ne puis rien...... à moins de commettre un acte d'injustice et de barbarie dont je me déclare incapable.

Voilà, Monsieur, ce que je voulais vous prier d'insérer dans un de vos prochains numéros.

Je n'ai rien à objecter au reste de votre article.

Ce que vous dites de mes relations avec mes adversaires politiques est exact, tout — jusqu'au mouchoir troué que j'avais pris par mégarde dans mon armoire.

Je suis de ceux qui pensent que la France deviendrait inhabitable si l'on devait absolument se fuir lorqu'on ne pense pas de même. Je vais jusqu'à trouver que la contradiction aiguise l'esprit et a souvent pour effet de fortifier un homme dans ses propres principes.

Ces relations, d'ailleurs, ne me gêneront jamais, j'en suis certain ; et jamais je n'aurai le chagrin de *faire couper le cou* aux hommes dont vous parlez, car la République — à l'inverse de certains gouvernements conservateurs que j'ai connus — ne se présente à mon esprit ni sous le symbole d'une guillotine, ni sous le symbole d'un peloton d'exécution.

Veuillez agréer, Monsieur, l'assurance de ma considération distinguée.

A. NAQUET.

Le soir même, je reçus la visite de mon ami Saint-Martin, qui me témoignait une affection très vive et qui prenait la plus grande part à tout ce qui me touchait.

Il désapprouva ce que je venais de faire. J'avais obéi à une inspiration de sentiment dénuée de toute réflexion et de tout calcul, et il jugeait cette inspiration mauvaise. Cette lettre relative à ma vie privée lui paraissait susceptible d'être mal interprétée et de porter ainsi préjudice à ma campagne en faveur du divorce.

Son erreur fut complète. Et ce qui lui semblait devoir être nuisible a été peut-être, au contraire, l'acte qui a le plus favorisé mon action législative.

Ma lettre parut dans le *Figaro* qui portait la date du 31 mai. Elle était précédée des quelques lignes qui suivent :

La personnalité de M. Naquet est trop en vue pour que nous ne nous empressions pas, d'insérer, en bonne place, la lettre toute courtoise d'ailleurs qu'il nous envoie. Nous n'hésitons pas à ajouter que cette lettre fait honneur à M. Naquet, et que, dans tous les partis, elle vaudra à l'homme privé des sympathies que nous sommes obligés de refuser à l'homme politique.

L'effet produit fut si considérable que, lorsque je parus dans les couloirs de la Chambre, j'y recus des félicitations et des poignées de main de mes collègues de tous les partis.

Les salons, qui jusque-là avaient paru ignorer mon existence, s'ouvrirent avec empressement devant moi. On alla même jusqu'à y faire l'éloge de « l'apôtre infatigable du divorce ».

J'avais gagné les cœurs, ce qui vaut mieux que gagner les esprits. M. Alexandre Dumas avait pris une grande part à cette évolution en y travaillant dès 1879. Un incident fortuit avait fait le reste.

En dehors de M. Alexandre Dumas, et ailleurs que dans le Parlement bien entendu, je ne vois guère de personnalité connue qui ait volontairement coopéré au rétablissement du divorce.

Par contre, j'ai rencontré de nombreux contradicteurs : l'abbé Vidieu, le père Didon, M. Clisson, un écrivain qui, peut-être moins en vue, n'en avait pas moins de valeur, M. Albert Millet, et j'en oublie.

Mais, comme il arrive presque toujours lorsqu'une initiative est prise au moment opportun, il advint que ces contradicteurs servirent involontairement la cause à laquelle ils se proposaient de faire échec.

L'homme qui soutient une polémique sur un sujet déterminé ne peut se répéter sans cesse. Si des objections et des attaques n'apportaient pas des éléments nouveaux à la discussion, le public finirait par se désintéresser. Ces éléments nouveaux, ce sont les contradicteurs qui les lui fournissent.

Les livres de M. Clisson, de M. Albert Millet, de M. l'abbé Vidieu, les sermons du père Didon étaient le combustible que l'on jette dans le foyer de la machine et qui y entretient le feu.

Le livre de M. l'abbé Vidieu eut une conséquence plus inattendue et autrement importante : il suscita l'ouvrage d'Alexandre Dumas fils qui fut un événement décisif.

Quant au père Didon, il me prêta, sans le vouloir, un concours plus direct encore.

Sous le prétexte futile que, du mariage et du

divorce on ne doit pas se faire un jeu, le Code de 1803 avait interdit aux époux divorcés de se remarier entre eux. Cette exception ne se justifiait par rien, et je cherchais, mais en vain, à obtenir de la commission qu'elle la fît disparaître. La Chambre avait le fétichisme du Code, et tous les amendements étaient vus d'un mauvais œil.

Le père Didon, lui, s'élevait contre l'institution du divorce. Il voulait, comme M. de Trinquelague en 1816, subordonner le pouvoir civil à l'Église. Dans une conversation que j'eus avec lui (1), à la suite d'une de ses conférences de Saint-Philippe-du-Roule, il soutenait que la séparation des Églises et de l'État était la préface obligée du divorce. Je lui répondis que si la dénonciation du Concordat était l'aboutissant définitif de la séparation du spirituel et du temporel, nous n'en avions cependant pas besoin pour acquérir le droit de rétablir le divorce, puisque mariage civil et divorce existaient en 1801 et qu'ainsi ils avaient été ratifiés, tacitement au moins, par le Concordat.

(1) Jean-Jacques Weiss, dans un article du 27 mars 1888, faisant un portrait du père Didon, disait qu'il était suspect à Rome pour bien des raisons ; entre autres pour avoir directement controversé sur le mariage indissoluble avec des auteurs dramatiques, et le député de la gauche qui s'est fait le « Pierre l'Ermite du Divorce ».

En chaire, un tel argument n'aurait pas suffi à l'éloquent Dominicain. Il avait besoin de le fortifier par une critique de détail, et il avait trouvé un terrain de discussion favorable dans l'inhibition faite aux époux divorcés de se réunir.

Il montrait un mari et une femme divisés par les passions de la jeunesse, et amenés peut-être par des querelles sans importance à la rupture de leur union. Puis il supposait que, les passions calmées, les colères d'un moment apaisées, ce mari, cette femme, toujours époux aux yeux de Dieu, se réunissaient, avaient un enfant, et il terminait par cette péroraison émouvante : « Ce fruit de la réconciliation et du pardon sera, pour la loi civile, le fruit de l'adultère ».

L'argument portait. Je m'en saisis. Au lieu de défendre l'amendement par des raisons de droit humain, je le défendis au nom de la liberté de conscience, comme une concession faite aux catholiques. Tel républicain qui lui aurait refusé son assentiment s'il avait été présenté au nom du progrès, s'y ralliait dès qu'il apparaissait comme une restriction, comme une réaction; et la modification libérale que je réclamais en vain, passa grâce au fougueux prédicateur. Elle ne passa pas intégralement; on lui fit subir des suppressions et des additions, on ne permit aux époux désunis de se réunir que si, entre la rupture et la réunion, l'un des deux n'avait pas contracté un nouveau mariage. On décida que si la réunion avait lieu, ce second mariage ne pourrait plus être brisé que dans le cas de condamnation de l'un des époux à une peine afflictive et infamante. Enfin il fut interdit aux époux remariés de changer leurs conventions matrimoniales. Il résulte de ces différentes dispositions que les personnes divorcées et remariées entre elles constituent une catégorie exceptionnelle, pour laquelle subsiste encore une semi-indissolubilité du mariage.

Si imparfaite qu'elle fût, la modification apportée au Code réalisait cependant une amélioration dont quelques personnes ont profité déjà, entre autres le sympathique professeur de l'Histoire de la Révolution, M. Aulard. Ce progrès, c'est au père Didon que nous le devons.

Le père Didon, mon collaborateur ! et M. Aulard son obligé ! le fait, on en conviendra, n'a rien de banal.

Pour compléter le chapitre et ne rien omettre, il me reste à parler du père Hyacinthe Loyson, qui, lui, fit une conférence à la salle du boulevard des Capucines en faveur du divorce, et de M. Sardou, qui, au théâtre, nous apporta le concours de son talent dans sa pièce humoristique *Di-*

vorçons. Le théâtre a toujours été l'adjuvant des réformateurs sociaux. Il n'a cessé, depuis 1816, de plaider le rétablissement du divorce, et l'on voit que pas plus que le roman, il n'a terminé son œuvre, puisque c'est à l'action de M. Paul Hervieu il y a dix ans, à celle de MM. Paul et Victor Margueritte aujourd'hui, que nous devons le mouvement nouveau d'où sortira certainement une législation plus large et plus conforme aux droits inaliénables et imprescriptibles de l'être humain.

CHAPITRE IV

LE DIVORCE AU SÉNAT

Après le vote de la Chambre en 1882, la proposition de loi avait été transmise au Sénat, et les premières escarmouches avaient fait mal augurer des décisions futures de la haute Assemblée.

La commission élue dans les bureaux pour examiner le projet, ne renfermait sur neuf membres, que trois partisans de la réforme : M. Édouard Millaud, M. Eugène Pelletan et M. Henri Martin, contre six adversaires : MM. Allou, Eymard Duvernay, Testelin, le comte de Saint-Vallier, Marcel Barthe et Michel.

Les défenseurs de la loi pensèrent que le mieux était de ne pas précipiter les travaux, de gagner du temps et, pendant près de deux ans, au grand désappointement des intéressés que ces atermoiements exaspéraient, on ne parla plus du divorce.

Entre temps, M. Pin, sénateur de Vaucluse, était mort, et j'étais entré au Luxembourg à sa place pour venir y défendre les idées dont j'avais eu la satisfaction de voir le succès au palais Bourbon.

M. Michel avait été nommé rapporteur avec mandat de conclure contre le projet.

Mais avant qu'il eût déposé son rapport, M. Henri Martin mourut, et M. Testelin donna sa démission.

La mort de M. Henri Martin n'eut aucun effet sur la composition de la commission, car il fut remplacé par M. Salneuve qui professait la même opinion que lui.

Par contre, la démission de M. Testelin amena un changement considérable. Il était hostile au divorce et il fut remplacé par M. Labiche qui en était un chaud partisan. La majorité, qui comptait six membres contre trois, se trouva ainsi ramenée à cinq contre quatre, c'est-à-dire tomba de trois voix à une.

A ce moment intervint un nouvel événement tout à fait inattendu. M. Eymard-Duvernay, jusque-là notre adversaire résolu, présenta un contre-projet. Il avait longtemps pensé qu'il serait possible de remédier aux abus de la législation en multipliant les causes de nullité du mariage; il finit par en comprendre l'impossibilité, et il se résigna à accepter en principe la dissolution de l'union conjugale pour des motifs postérieurs à sa célébration, c'est-à-dire le divorce. Mais ces motifs étaient autres que ceux admis par la loi consulaire de 1803.

D'abord, il établissait une distinction entre le divorce proprement dit et certaines ruptures du mariage qu'il considérait comme d'une nature spéciale, « *sui generis* ». Telles auraient été les dissolutions prononcées pour cause *d'absence déclarée*, ou de *condamnation de l'un des conjoints à une peine perpétuelle ou même simplement infamante, lorsque l'autre conjoint n'a pas participé au fait délictueux*.

Dans le cas d'absence, il lui paraissait déraisonnable de condamner à un veuvage indéfini un homme ou une femme dont le conjoint a disparu depuis de longues années.

En ce qui concerne la condamnation de l'un des conjoints à une peine perpétuelle, le même argument conduisait aux mêmes conséquences; et il était naturel de l'étendre aux peines purement infamantes, l'infamie créant entre les époux une barrière tout aussi insurmontable que la détention.

Dans les deux cas, l'union ayant cessé d'exister en fait, il ne croyait pas qu'il y eût lieu de la maintenir en droit.

Pour ce qui a trait au second, d'ailleurs, une disposition analogue avait existé dans l'article 227 du Code civil relatif à la condamnation de l'un des époux à une peine emportant mort civile. La loi du 31 mai 1854 en supprimant la mort civile, n'en avait pas moins laissé subsister le caractère afflictif et infamant de la peine; et il n'y avait pas d'inconvénient à rétablir les dispositions de l'article abrogé, en en rendant l'application facultative au lieu d'obligatoire qu'elle était avant 1854. Si M. Eymard-Duvernay donnait à ces sortes de ruptures le nom de dissolution du mariage, c'est que, à la différence de ce qui se serait produit pour le divorce, il n'y aurait pas eu de débat contradictoire, l'absent étant présumé ne pas exister, et l'infâme étant retranché de la société conjugale comme il l'est déjà de la société civile.

A ces deux cas, le contre-projet ajoutait le divorce, mais avec de très fortes restrictions.

Il repoussait *le consentement mutuel*, et considérait *l'existence d'enfant* comme une fin de non-recevoir absolue.

Il n'admettait donc le divorce que pour les époux sans enfants et seulement dans les cas suivants :

1° L'abandon de la femme par le mari, et réciproquement, pendant les deux premières années du mariage.

2° L'adultère constaté, ou l'inconduite notoire et scandaleuse pendant les deux premières années du mariage.

3° Les attentats volontaires de l'un des époux à la vie, à la santé, à la liberté, à l'honneur de l'autre.

Dans tous les cas, un délai d'un an était exigé entre la demande et le jugement, avec tentative de conciliation.

M. Eymard-Duvernay proposait encore de mettre fin par le divorce à la séparation de corps et de biens « qui ne produit », selon lui, « que des effets déplorables et scandaleux, et qui constitue une situation intolérable pour un époux honnête » ; mais cette disposition s'appliquait seulement aux époux sans enfants et séparés depuis trois années au moins.

Enfin, quel que fût le motif du divorce, l'auteur du contre-projet interdisait à l'époux coupable, de se remarier avant la mort de son ancien conjoint, à moins que ce dernier ne fût remarié lui aussi ou n'eût donné son consentement à la nouvelle union.

Ce contre-projet en soi était une chinoiserie inadmissible. Mais il eut un résultat décisif.

A partir du moment où il fut déposé, la Commission se trouva partagée en trois camps.

Quatre membres persistaient à repousser le principe du divorce.

Quatre autres, sans adopter le projet de la Chambre, proposaient l'abrogation de la loi du 8 mai 1816 et le retour pur et simple au Code civil, sauf à faciliter l'application de la réforme par une disposition transitoire.

Entre ces deux minorités se plaçait M. Eymard-Duvernay, dont nous venons d'analyser le contre-projet.

Les partisans du système du Code eurent alors une inspiration géniale.

Tout en réservant leur liberté d'action et de vote en séance publique, ils pouvaient se rallier dans la Commission au contre-projet du sénateur de l'Ardèche. S'il passait au Sénat, la loi retournerait à la Chambre; celle-ci l'amenderait, et l'acceptât-elle tel quel, on y gagnerait encore le rétablissement dans notre législation du principe du divorce.

Cette tactique présentait en outre un avantage immédiat. Elle renversait la majorité de la Commission; elle dessaisissait M. Michel du rapport, elle en investissait un autre sénateur qui, lui au moins, apporterait au Sénat une parole favorable à la réforme projetée. Enfin, ce nouveau rapporteur pourrait, si tel était son sentiment, défendre en séance publique, comme simple sénateur, le retour à l'ancien titre VI du Code civil.

C'est ainsi que les choses se passèrent. Le rapport échut à M. Labiche, et il fut déposé le 7 février 1884.

Pendant que M. Labiche rédigeait son rapport, deux amendements se produisirent.

L'un émanait de M. Bernard qui mourut avant la discussion de la loi. M. Bernard tenait pour le projet de la Chambre des députés, sauf sur deux points où il s'en séparait. Il faisait disparaître le consentement mutuel et il modifiait l'article 310 relatif aux conversions des séparations de corps en divorces. Il ne voulait pas que le défendeur pût, après trois ans, obtenir de plein droit cette conversion; il laissait aux tribunaux la faculté de l'accorder ou de la refuser.

Le second amendement, signé par MM. Griffe, Salneuve, Labiche et plusieurs autres membres du Sénat, proposait l'abrogation de la loi du 8 mai 1816 et le rétablissement du titre VI du Code civil.

C'était une manœuvre de la plus grande habileté. Elle plaçait le Sénat non plus en présence du divorce mais en présence de la loi de 1816. On ne demandait plus à la haute Assemblée d'approuver ou de désapprouver l'œuvre de la Révolution, mais de se prononcer pour ou contre le maintien de l'œuvre de la Chambre introuvable.

Pour qui connaît l'importance qu'a la position de la question sur le vote, il ne saurait être douteux que cette intervention ne fût de nature à influencer le résultat.

Les auteurs de ce second amendement ne crurent cependant pas s'écarter du principe admis par eux en y ajoutant deux dispositions dont l'une était nécessaire pour mettre le titre VI du Code civil en harmonie avec la loi du 6 décembre 1854 sur le désaveu de paternité, et dont l'autre réglait, par un article transitoire, la situation des époux qui, n'ayant pu recourir au divorce, avaient été, antérieurement à 1884, obligés de se contenter de la séparation de corps et de biens.

Cependant, le gouvernement, dont M. Jules Ferry était le chef, et M. Martin-Feuillée, le Garde des sceaux, ne pouvait pas se désintéresser de la question. Il décida de se prononcer pour le rétablissement du titre VI du Code civil, en en retranchant tout ce qui avait trait au consentement mutuel.

C'était se mettre en opposition avec les partisans du divorce du Luxembourg. Ils ne voulaient apporter aucune modification au Code, parce qu'ils entendaient se borner à accomplir un acte de politique laïque en abrogeant la loi du 8 mai 1816; et le cabinet Ferry, en amputant le Code de tout un chapitre, laissait subsister une partie de cette loi cléricale. En outre, il ouvrait la porte aux amendements qui risquaient, en compliquant la question, d'entraîner un échec.

Je n'aurais cependant pas été trop mécontent pour ma part de la décision du ministère si, entrant dans la voie des modifications, il en avait profité pour introduire dans notre législation quelques causes nouvelles de divorce, telles que l'aliénation mentale incurable, l'absence déclarée, la condamnation de l'un des époux à certaines peines correctionnelles.

On fait si rarement appel à la procédure du consentement mutuel, dans les pays où elle est admise, depuis les restrictions apportées par le Consulat à la loi de 1792, que l'action gouvernementale m'aurait paru dans ce cas moins nuisible qu'utile.

Mais tel n'était pas le sentiment du Cabinet qui, voulant restreindre le divorce sur un point, n'entendait à aucun degré l'élargir sur un autre.

La résolution de M. Jules Ferry n'avait d'ailleurs rien d'imprévu pour moi. Cent fois, en effet, dans des conversations privées, je l'avais entendu déclarer qu' « il irait jusqu'au divorce pour causes déterminées, mais jamais jusqu'au consentement mutuel ».

Singulière influence des mots sur un esprit affranchi cependant de dogmatisme, marié civilement, et sceptique dans le sens critique et philosophique de l'expression, c'est-à-dire agnostique ! Comment avait-il pu s'effrayer d'une simple formule ? Car ce n'était qu'une formule que le consentement mutuel du Code civil.

Pour que la procédure placée sous cette rubrique eût reçu un titre adéquat à la chose qu'elle représentait, le chapitre aurait dû être intitulé : *du divorce pour causes graves non divulguées*. Si tel en avait été le titre, comme en fait elle rendait la libération des époux plus lente en leur interdisant tout nouveau mariage avant trois ans, comme elle apportait plus de garanties aux enfants puisqu'elle faisait passer immédiatement sur leur tête la moitié de la fortune des parents, elle n'aurait été redoutée de personne, et le président du Conseil l'aurait peut-être trouvée la seule applicable.

Au fond, M. Jules Ferry était un adversaire

du divorce. Il n'osait cependant pas résister au courant ; et ne voulant pas s'avouer à lui-même cette faiblesse, il cherchait pour l'acquit de sa conscience une excuse dans l'élimination de ce *monstre* : le consentement mutuel.

Mais si le chef du Gouvernement s'épouvantait des mots, je ne songeais, moi, qu'aux réalités tangibles. Or, la réalité était celle-ci : tant qu'on laisserait le consentement mutuel hérissé de toutes les difficultés qu'y avait accumulées la loi de 1803, bien peu de justiciables y auraient recours. L'exemple de la Belgique prouvait suffisamment qu'il ne s'y produisait pas par cette voie plus de trois divorces sur cent.

Il ne fallait d'ailleurs pas songer en 1884 à rendre le divorce par consentement mutuel plus facile, et le sacrifice exigé par M. Jules Ferry n'avait dès lors qu'une faible importance. Dans de telles conditions, étant donné que le sentiment de l'assemblée était douteux, il aurait été ridicule de se priver par intransigeance de l'appui du ministère. Aussi abandonnai-je — à contre-cœur sans doute, mais sans de trop amers regrets — ce qui, sous la seule forme qu'on pût espérer alors lui donner, ne revêtait guère que l'aspect d'une affirmation philosophique sans répercussion sur les faits.

L'accord fut donc conclu sur les bases qu'exigeait le Cabinet, et la discussion générale s'ouvrit le 26 mai 1884.

M. Lafont de Saint-Mur parla le premier en faveur de la proposition. Puis, personne, contrairement aux usages, ne s'étant levé pour parler en sens inverse, tant le Sénat avait hâte d'entendre le développement de mes idées, la parole me fut donnée.

Prononçant alors le discours le plus long et le plus complet possible, je poursuivis ma démonstration pendant deux séances consécutives.

La discussion se continua les 27, 29, 30, 31 mai, 5 et 7 juin 1884; et, dans cette dernière séance, le Sénat, par 151 voix contre 108, décida de passer à une seconde délibération. Le contre-projet de MM. Griffe et Salneuve, sur lequel s'était livrée la bataille décisive, avait été adopté le 30 mai par 154 suffrages contre 114. La majorité était demeurée compacte jusqu'à la fin et s'était même accrue de trois voix.

Au cours de la première délibération, le Sénat entendit d'éloquents discours de MM. Jules Simon, Labiche, rapporteur, et Martin-Feuillée, Garde des sceaux. En outre, dans la discussion des articles, de nombreux orateurs prirent également la parole sur des points de détail dont l'analyse dépasserait le cadre de ce travail.

Je me borne à signaler que quelques modifications furent apportées aux articles 263, 295, 298, 299, 308 et 310, et que, conformément à l'accord intervenu entre nous et le gouvernement, le chapitre du consentement mutuel ne fut pas rétabli.

L'article 263 établissait un délai d'appel de trois mois. Mais depuis 1816 de nouvelles dispositions législatives ayant réduit à deux mois ce délai dans toutes les procédures, il fut réduit dans les mêmes proportions en matière de divorce, pour que la loi restaurée demeurât conforme au droit commun.

L'article 295 portait inhibition aux époux divorcés de se réunir à nouveau. La Chambre avait atténué cette rigueur en limitant l'interdiction au cas où l'un ou l'autre des époux divorcés aurait contracté une nouvelle union. Le contre-projet de MM. Griffe et Salneuve, en reprenant le titre VI du Code civil dans son ensemble, avait naturellement éliminé ce texte modifié. Mais M. de Pressensé en demanda le rétablissement en s'appuyant sur les mêmes arguments de conscience dont, après avoir entendu le père Didon, je m'étais servi moi-même dans la commission du Palais-Bourbon. La Commission sénatoriale n'ayant présenté aucune objection, la modification fut adoptée.

M. Baragnon aurait même voulu faire disparaître de l'article modifié l'inhibition restreinte qu'y avait laissée la Chambre, et j'appuyais cette opinion. Mais le Sénat ne nous suivit pas.

L'article 298 infligeait à la femme contre laquelle le divorce est admis pour cause d'adultère, une peine afflictive que les tribunaux étaient obligés d'appliquer. D'impérative qu'elle était, cette disposition devint facultative. Au lieu de « sera condamnée... », le nouveau texte porta : « pourra être condamnée ». L'ancien article avait été entièrement supprimé par la Chambre ; mais il avait été repris par la Commission sénatoriale sous la forme que je viens d'indiquer, et avait été adopté par le Sénat avec cette atténuation.

L'article 299 subit un simple remaniement rendu nécessaire par la suppression du divorce par consentement mutuel.

L'article 308 relatif à la séparation de corps fut également remanié pour être mis en harmonie avec le nouveau texte de l'article 298.

Enfin la rédaction de l'ancien article 310 qui réglait les conversions des séparations de corps en divorces fut remplacée par celle de la Chambre et prit la forme suivante :

« Tout jugement de séparation de corps devenu définitif depuis trois ans au moins sera converti en jugement de divorce sur la demande formée par l'un des époux sans requête et par assignation à bref délai en chambre du conseil. »

J'avais, de mon côté, repris l'amendement de la Chambre qui faisait de l'absence déclarée une cause de divorce ; et la Commission l'avait admis, en exigeant toutefois qu'un délai nouveau de cinq années se fût écoulé depuis la déclaration.

Chose remarquable ! et qui prouve le fétichisme du Code, elle faisait valoir, en faveur de la disposition nouvelle, que la cause d'absence aurait remplacé à l'article 232 celle du consentement mutuel supprimée, et qu'ainsi le numérotage des articles n'aurait subi aucun changement.

Le Sénat cependant se laissa influencer par un raisonnement bizarre de M. Batbie et mon amendement fut rejeté.

Mon argumentation avait été celle-ci :

En l'état des communications sur le globe, si un époux disparaît et reste cinq ou dix ans sans plus donner signe de vie, deux seules hypothèses peuvent l'expliquer, ou bien il ne veut pas revenir ; ou bien il est mort.

Dans le premier cas, son absence se transforme en un abandon volontaire et injurieux ; dans le second cas son conjoint est veuf. L'abandon volontaire et injurieux doit être considéré comme une cause de divorce ; et quant au veuvage, dans l'impossibilité où l'on est de le constater, il faut au moins le remplacer par le divorce qui produit les mêmes effets.

A ce dilemne M. Batbie opposa qu'on ne divorce pas avec un mort; et le Sénat fut convaincu!

Un amendement présenté par M. de Pressensé et soutenu par M. Baragnon eut le même sort. M. de Pressensé avait voulu faire prévaloir à l'article 230 la disposition proposée par la Chambre, qui plaçait, au point de vue de l'adultère, le mari sur le même pied que la femme. Il demandait que le manquement au devoir de fidélité devînt pour lui comme pour sa compagne une cause péremptoire de divorce où que le fait se fût produit. Le Code civil portait : « La femme pourra demander le divorce pour cause d'adultère de son mari, lorsqu'il aura tenu sa concubine dans la maison commune ». L'amendement supprimait la seconde partie de la phrase et ne laissait subsister que la première : « La femme pourra demander le divorce pour cause d'adultère de son mari ». Il fut rejeté.

M. Denormandie était intervenu à son tour et avait proposé de réformer la procédure instituée par le titre VI du Code civil. Elle était inapplicable avec des rôles chargés comme ils le sont à notre époque, et l'auteur de la modification proposée était ici tellement dans le vrai que, plus tard, le 11 juin 1885, M. Brisson, respectueux de la loi votée quoique personnellement adversaire de son principe, déposait un projet de modification de la procédure qui est devenu la loi du 18 avril 1886, et qui était conçu dans le même esprit que l'amendement de M. Denormandie. Mais M. Denormandie était un ennemi déclaré des principes que nous nous efforcions de faire rentrer dans la législation française et nous avions à la pensée le fameux *timeo Danaos* de Virgile et le souvenir de 1875.

En effet, à cette époque, le projet de Constitution avait été amendé dans un sens libéral par Pascal Duprat qui avait demandé l'élection du Sénat par le suffrage universel. Les républicains de principe s'étaient joints à lui. Les constitutionnels, dont l'appoint était nécessaire, s'étaient prononcés contre l'amendement ; mais quelques membres de la droite l'avaient voté dans une intention perfide et l'avaient fait passer. Seulement, quand on en arriva au vote sur l'ensemble du projet de loi constitutionnelle, les adversaires de la République le repoussèrent ; et comme le groupe constitutionnel n'en voulait pas sous cette forme, le projet fut rejeté et ne put être repris qu'avec de sérieuses difficultés.

Nous redoutions au Sénat pour le divorce en 1884 un stratagème analogue. Nous pensions que nos adversaires voteraient toutes les améliorations proposées sauf à repousser l'ensemble, et que, certains esprits timides parmi nos amis pouvant être amenés à se séparer de nous si la loi paraissait donner à la rupture du mariage de trop grandes facilités, nous risquerions d'être battus en dernière analyse après une série de victoires partielles. Nous ne voulions pas nous y exposer. C'est là ce qui nous fit repousser la modification utile que nous apportait M. Denormandie avec sa grande compétence de spécialiste, modification à laquelle il a fallu revenir plus tard.

Le même motif me faisait considérer d'un mauvais œil les amendements les plus conformes à mes idées. Je voulais aboutir ; je préférais une œuvre imparfaite au néant, et les chercheurs de mieux m'apparaissaient comme dangereux à ce point de vue.

La seconde délibération s'ouvrit le 19 juin 1884

par une brillante et longue philippique de M. Chesnelong, et par un beau discours de l'ancien rapporteur à la Chambre, M. de Marcère. La parole fut ensuite donnée à M. Lenoel et je fus amené moi-même à intervenir pour réfuter diverses objections qui m'avaient été personnellement opposées.

Le lendemain, 20 juin, le débat s'engageait sur un amendement à l'article 230 présenté par M. Demôle. Le sénateur de la Côte-d'Or recommençait la tentative faite sans succès par M. de Pressensé en première délibération pour rendre égaux vis-à-vis du divorce l'homme et la femme au point de vue de l'adultère. Cette fois l'amendement fut adopté par 87 voix contre 82.

Ce résultat ne fut pas sans m'effrayer. Plusieurs sénateurs en étaient mécontents à ce point qu'ils déclaraient vouloir désormais se retourner contre nous.

A la Chambre même, l'irritation fut extrême. C'était son texte qui avait prévalu. Mais les députés qui l'avaient adopté pour se faire sans doute auprès de leurs électeurs, et peut-être auprès des dames, une réputation de vertu, en avaient escompté le rejet au Sénat. « A quoi sert donc le Sénat, disaient-ils, s'il laisse passer de pareilles fantaisies ? »

Parmi les votants figuraient Testelin, Cazot, Eymard-Duvernay, de la Sicotière et autres adversaires du divorce, dont le vote hostile à l'ensemble du projet était certain. Le projet semblait donc menacé. En présence d'une situation aussi tendue, j'aurais, je l'avoue, abandonné par prudence une disposition à laquelle cependant je tenais beaucoup. Mais M. Demôle insista, et en somme il eut raison de le faire. Au dernier moment les mécontents se rallièrent, le divorce fut rétabli quand même, et une inégalité révoltante entre les sexes se trouva rayée de la loi qu'elle déshonorait.

Le Sénat, après avoir voté la modification au Code civil proposée par M. Demôle, aborda le contre-projet Eymard-Duvernay qui, en apparence, était celui de la Commission, bien qu'en réalité il ne comptât qu'un seul partisan, son auteur. Mais de même que les quatre membres favorables au rétablissement du Code civil s'y étaient ralliés pour la forme afin d'obtenir le rapport et de pouvoir conclure au divorce, de même maintenant, M. Allou, M. Delsol, et d'une manière générale les membres du Sénat et de la Commission qui l'avaient combattu, en arrivaient à le défendre dans l'espérance soit de faire échouer la réforme, soit au moins d'en atténuer la portée.

On vit au cours de cette discussion un fait étrange : l'honorable M. Emile Labiche, rapporteur, et qui, comme tel, avait dû conclure à l'adoption du contre-projet, venant, en quatité de simple sénateur — mais en réalité avec l'autorité que son rôle de rapporteur lui conférait — combattre à la tribune du Sénat les conclusions de son propre rapport.

Finalement, dans la séance du 21 juin, le contre-projet fut repoussé à 15 voix de majorité, par 140 suffrages contre 125.

Les adversaires de la réforme ne se décourageaient cependant pas et, pendant la même séance, M. Marcel Barthe s'efforça de faire ajouter à l'article 1er de la nouvelle loi un paragraphe additionnel portant que :

« Dans le cas d'existence d'enfants issus de leur mariage, les époux ne pourront demander le divorce que pour cause d'adultère ou de condamnation afflictive et infamante. »

Eloquemment combattu par M. Edouard Millaud, le paragraphe proposé par M. Marcel Barthe fut rejeté à la majorité de 30 suffrages. 110 votants seulement se prononcèrent en sa faveur ; 140 votèrent contre.

La discussion fut ensuite renvoyée au lundi 23. Ce jour-là, M. Ronjat fit adopter un amendement de procédure applicable dans les cas où le divorce est demandé pour cause de condamnation de l'un des époux à une peine afflictive et infamante et l'on arriva ensuite à l'article 295.

Cet article, tel qu'il avait été voté par la Chambre et admis par le Sénat en première délibération, amendait le Code civil qui avait interdit aux époux divorcés de se réunir. Il les y autorisait, mais à la condition expresse qu'entre le jour du divorce et celui de la célébration du second mariage, aucun des deux n'aurait contracté mariage avec un tiers.

On se rappelle sans doute que M. Baragnon avait essayé, sans y réussir, de faire disparaître cette dernière restriction. Il avait proposé de ne mettre aucun obstacle à la réunion des anciens époux redevenus libres, quoi qu'il eût pu se produire dans l'intervalle.

M. Wallon reprit cette thèse en seconde délibération, et je fus autorisé par la Commission, dont cependant je n'étais pas membre, à me rallier en son nom, mais en partie seulement, à l'amendement, qui fut adopté avec ce qu'on me permettra d'appeler une restriction de la restriction. Le premier alinéa de l'article reçut finalement la rédaction que voici :

« Les époux qui divorceront pour quelque

cause que ce soit ne pourront plus se réunir si l'un ou l'autre a, postérieurement au divorce, contracté un nouveau mariage *dissous par le divorce.* »

Cette rédaction laissait subsister la possibilité d'une réunion lorsque le nouveau mariage contracté par l'un des époux aurait été dissous par la mort de son conjoint.

L'article 295 renfermait deux autres paragraphes qui ne furent pas contestés : l'un, absolument illusoire, les faits l'ont prouvé depuis lors, pour interdire aux époux divorcés et remariés d'adopter d'autres conventions matrimoniales que celles qui réglaient d'abord leur union ; l'autre, pour ne leur permettre à nouveau le divorce que pour cause de condamnation de l'un d'eux à une peine afflictive et infamante.

Le Sénat en arriva ensuite à l'article 298. En première délibération, cet article avait été atténué en ce sens que la condamnation contre la femme adultère, obligatoire d'après le Code, avait cessé de l'être et avait été laisssée à l'appréciation des tribunaux. M. Demôle dont, au cours de cette discussion de la loi du divorce, les tendances libérales n'ont pas cessé un seul instant de se manifester, demanda et obtint, avec l'assentiment du Garde des sceaux, que même la condamnation facultative fût supprimée, et cette suppression fut naturellement étendue aux articles 308 et 309 relatifs à la séparation de corps et de biens.

Il ne resta dès lors de l'ancien article 298 que l'inhibition ridicule faite à l'épouse adultère d'épouser son complice. Mais, à ce moment, la majorité sénatoriale paraissait si fanatique du Code civil, qu'il aurait été périlleux d'y toucher, et l'on n'osa pas faire disparaître de nos lois cette disposition cependant profondément immorale. Moi-même, qui l'avais combattue à la Chambre, je jugeai dangereux de la combattre au Sénat; et elle passa comme tant d'autres dispositions détestables sur lesquelles nous laissions à l'avenir le soin de compléter notre œuvre.

Arrivé à l'article 305, M. Delsol s'efforça d'obtenir le rétablissement, et l'application au divorce pour causes déterminées, de l'ancien article du Code, en vertu duquel les époux divorcés par consentement mutuel devaient abandonner *ipso facto* à leurs enfants la moitié de leurs biens. C'était encore une tentative offensive contre le divorce qui serait ainsi devenu presqu'impraticable dans les classes aisées. Je fus assez heureux, en intervenant, pour faire repousser cette nouvelle attaque par une majorité de 154 voix contre 97.

On passa ensuite à l'article 310 relatif à la conversion des séparations de corps en divorces. D'après le texte voté en première délibération, elles étaient de plein droit après un délai de trois années, sur l'initiative de l'un ou l'autre des époux. M. Lucien Brun demanda l'abrogation pure et simple de l'article, sous le prétexte qu'il équivalait à la suppression de la séparation de corps et qu'il violait la liberté de conscience des catholiques. Je lui ripostai par une véhémente réplique ; et le succès semblait assuré pour nous lorsque M. Jules Simon prit la parole à son tour. Il apporta à la tribune une lettre, attribuée par lui — quoiqu'il en fût très probablement lui-même l'auteur — à une prétendue femme séparée de corps qui protestait contre la faculté accordée à son mari par la première rédaction de l'article 310 de faire convertir sa séparation en divorce. Il la lut avec l'accent larmoyant dont il avait le secret, et, par ce stratagème, il gagna la majorité sénatoriale. La séance fut renvoyée au lendemain. Une transaction intervint et l'article 310 fut en dernier lieu adopté avec une modification qui en fit un des plus mauvais de la loi. La rédaction primitive portait :

« Tout jugement de séparation de corps devenu définitif depuis trois ans au moins *sera* converti en jugement de divorce sur la demande formée par un des époux sur requête et par assignation à bref délai en Chambre du Conseil. » La nouvelle rédaction proposée par la Commission, et à laquelle nous nous ralliâmes tous par crainte de la supppression totale de l'article, fut ainsi conçue :

« Lorsque la séparation de corps aura duré trois ans, le jugement *pourra être converti* en jugement de divorce sur la demande formée par l'un des époux..., etc. »

C'était la conversion devenue facultative d'obligatoire que nous avions voulu la faire. C'était toute latitude laissée aux juges d'appliquer la loi au gré de leurs passions. Mais mieux valait encore cela que la séparation perpétuelle, et c'est pourquoi, devant un danger plus pressant, le nouvel article 310 fut voté par 162 voix contre 61, toutes cléricales.

Enfin, dans cette même séance du mardi 24 juin 1884, l'ensemble de la proposition fut adopté par 153 voix contre 116.

Quelque grande que fût la victoire, elle n'était cependant pas encore définitive. La loi devait revenir au palais Bourbon où on pouvait être tenté de l'amender pour en faire disparaître certaines imperfections. Comme nous étions dans la dernière année de la législature, il aurait pu arriver dans ce cas qu'elle n'eût pas reçu sa consécration dernière avant la dissolution de la Chambre des députés, et tout aurait été alors à recommencer.

M. Léon Renault, cependant, avec sa grande compétence, connaissant à fond les tribunaux, prévoyait la division qui allait se produire dans la jurisprudence sur l'interprétation de l'article 310, et malgré les inconvénients d'un renvoi, il jugeait absolument nécessaire de rétablir l'ancien texte de la Chambre.

Mais plus frappé que lui du danger que présentait tout retard, j'insistai auprès de mes amis pour l'adoption, sans aucune modification, de la proposition telle qu'elle nous était retournée du Sénat.

Mon opinion prévalut, et M. Letellier, qui avait succédé en qualité de rapporteur à M. de Marcère, passé au Luxembourg, déposa le 8 juillet 1884 son rapport dans ce sens.

La discussion générale s'ouvrit le 19 juillet par l'intervention de M. Benjamin Raspail, qui obtint la déclaration d'urgence, afin d'éviter la formalité désormais inutile d'une seconde délibération.

M. Carette présenta quelques observations sur l'inconvénient qu'il voyait à l'assimilation de l'adultère de l'homme à celui de la femme. Mais, bien que l'assemblée partageât son avis, elle avait pris la détermination de ne pas renvoyer la loi au Sénat ; elle ne le suivit pas.

Mgr l'évêque d'Angers, Freppel, apporta ensuite une protestation de principe contre le rétablissement du divorce, qu'il attribuait à un mouvement sémitique.

M. Jules Roche qui, à cette époque, n'était pas encore complètement passé à la réaction, l'interrompit par ces mots :

« Le christianisme est une religion sémitique. »

L'évêque revint cependant à son thème. « J'espère, dit-il en terminant, que les mœurs, plus fortes que les lois, réagiront contre ce mouvement sémitique. »

Cette péroraison lui attira une cinglante apostrophe de Georges Perrin :

« Il y a des juifs, lui jeta dans une interruption le député de la Haute-Vienne, qui sont très bien vus à Rome quand ils y apportent de l'argent. »

M. Girault, du Cher, vint encore à la tribune répondre en quelques mots à l'orateur catholique ; puis la Chambre vota le passage à la discussion des articles, qui furent tous admis sans débat ; et finalement, l'ensemble de la loi fut adopté par 355 voix contre 115, c'est-à-dire à une majorité de 240 suffrages.

Dix-neuf jours plus tard, le 27 juillet, elle était promulguée au *Journal Officiel*. Il y avait juste huit ans et deux mois moins un jour que j'avais déposé ma première proposition sur le bureau de la Chambre.

CHAPITRE V

ÉPILOGUE

Quoique la loi fût désormais en vigueur, la réforme, cependant, était encore incomplète. En repoussant l'amendement de M. Denormandie, nous avions rendu nécessaire une seconde intervention législative pour modifier la procédure. Ce fut, ô ironie ! à l'ennemi du Divorce, M. Brisson, qu'échut l'honneur d'opérer cette modification. En qualité de président du Conseil, il en déposa le 11 juin 1885 le projet, qui fut rapporté par M. Labiche le 8 juillet de la même année et qui, dès le 18 avril de l'année suivante, avait pris place dans notre législation.

Deux points seulement de la nouvelle loi me paraissent de nature à intéresser la partie du public qui ne s'occupe pas spécialement de droit.

Avant 1886, les époux devaient se présenter en personne à la mairie pour divorcer, comme ils s'y étaient présentés pour se marier. Cette double comparution s'accompagnait souvent de scènes regrettables. Elle a été supprimée. Ce sont maintenant les avoués des parties qui se chargent de faire transcrire sur les registres de l'état civil le jugement ou l'arrêt de divorce.

En outre, d'après la législation de 1803 et celle de 1884 qui l'avait restaurée sur ce point, lorsqu'un jugement de divorce était devenu définitif, l'époux en faveur duquel il était rendu avait seul le droit d'en provoquer la transcription. S'il laissait s'écouler deux mois, le jugement devenait caduc.

C'était injuste.

En faisant prononcer le divorce, l'époux demandeur confère un droit à son conjoint, et il ne saurait ensuite au gré de son caprice annuler ce qu'il a fait. Telle fut la pensée du Gouvernement présidé par M. Henri Brisson. Il voulut bien laisser au demandeur la faculté exclusive de signifier le jugement pendant le premier mois. Mais à partir de l'expiration de ce laps de temps, et jusqu'à la fin du délai total porté de deux à trois mois, c'est-à-dire pendant les deux mois suivants, il reconnut, par l'article 19 du projet, le même droit au défendeur.

Cette disposition libérale — qui fut attaquée, mais finalement adoptée, après avoir été éloquemment défendue par M. Léon Renault, depuis peu sénateur — avait fait naître une illusion dans l'esprit de l'éminent avocat comme dans le mien. Il nous avait paru possible de greffer, par voie d'amendement, sur le projet de M. Brisson, la revision de l'article 310 du Code civil relatif aux conversions des séparations de corps en divorces et d'obtenir le retour au texte qu'avait proposé la Chambre et que le Sénat avait voté en première délibération. L'article 19, en effet, procédait du même principe. Comme ce dernier texte, il portait reconnaissance des droits du défendeur.

Sur les instances du Gouvernement, qui craignait de voir notre amendement retarder le vote d'une loi tout à fait urgente, nous consentîmes cependant à le retirer, mais sous la réserve expresse de le représenter comme proposition spéciale. Et en effet, le 21 janvier 1886, je déposai cette proposition.

Dans mon exposé des motifs, je ne me bornais pas à insister sur les droits imprescriptibles de l'individu. Je faisais ressortir l'impérieuse nécessité qu'il y avait à supprimer le conflit de jurisprudence qui s'était élevé entre les tribunaux.

Lorsque, en 1803, les auteurs du Code civil en avaient rédigé le titre VI, ils avaient rétabli la séparation de corps abolie en 1792.

Mais de ce régime ils avaient fait une exception, et non, comme c'est le cas dans d'autres législations — celle de l'Angleterre par exemple — un subsidiaire du divorce.

Ils n'avaient pas établi des causes distinctes pour le divorce et pour la séparation de corps.

Ils avaient formulé quatre causes de divorce. Puis, dans six articles placés en dehors du titre VI, ils avaient laissé aux époux qui pourraient s'en réclamer, la faculté de ne demander que la séparation de corps.

Encore avaient-ils voulu qu'au bout de trois ans celle-ci cessât de droit et fût convertie en divorce sur la demande du défendeur primitif, si son conjoint refusait de reprendre la vie commune. A l'époux adultère seul il était interdit de provoquer la conversion.

L'article 310, dans la forme qu'il avait reçue en 1884, établissait une situation tout autre et créait une véritable confusion.

En conférant aux tribunaux le droit d'apprécier, après trois ans, même lorsqu'ils sont saisis par le demandeur primitif, s'il y a lieu d'accorder ou de refuser la conversion, il semblerait que le législateur ait voulu introduire une distinction qui n'existait pas jusque-là entre les motifs de séparation de corps et ceux de divorce. Sous peine, en effet, d'armer les tribunaux d'un pouvoir tout à fait arbitraire, il avait dû, en leur donnant la faculté de décider, leur fournir des éléments de décision.

Mais cette conséquence, qui pouvait se déduire logiquement du nouvel article 310, ne résultait pas de son texte.

Par contre, la loi de 1884 avait rétabli sans aucune modification l'article 306 ainsi conçu :

« Dans le cas où il y a lieu à la demande en divorce pour cause déterminée, il sera libre aux époux de former une demande de séparation de corps. »

Ainsi l'article 306 identifiait explicitement les causes de divorce aux causes de séparation de corps, tandis qu'implicitement l'article 310 semblait les déclarer distinctes.

D'autre part, en conférant à l'époux originairement défendeur le droit d'introduire la demande en conversion, la loi n'avait pu lui tendre un piège ; et elle l'aurait fait si elle avait permis aux juges de lui refuser cette conversion en excipant de ses anciens torts. Cela aurait équivalu à ne la lui accorder jamais. — D'ailleurs, l'article actuel a supprimé l'exception qu'édictait l'ancien Code contre l'époux adultère, et a écarté ainsi tout doute sur ce point.

Sur quoi dès lors s'appuyer pour accueillir ou repousser la demande ?

Sur des faits postérieurs au premier jugement? Mais si l'on n'avait voulu accorder le divorce au défendeur que dans ce cas spécial, l'article 310 aurait été inutile en ce qui le concerne, puisque des faits nouveaux auraient toujours pu motiver une nouvelle instance principale. Le texte d'ailleurs l'aurait formulé.

Sur quoi donc ?

Sur ce que les griefs qui auraient paru assez graves pour justifier la séparation de corps ne le seraient pas assez pour justifier le divorce ? Nous tomberions alors dans la même contradiction que nous venons d'indiquer en parlant des instances introduites par le demandeur.

On ne voit pas bien, du reste, si l'on ne s'appuie pas sur des considérations de dignité individuelle et d'intérêt social, comment la personne qui a commis des fautes pourrait s'en prévaloir. Il semble même que s'il fallait, pour juger la demande en conversion, remonter aux circonstances qui ont motivé la décision des magistrats dans le procès principal, les tribunaux devraient se montrer d'autant plus favorables à la requête du défendeur primitif que les fautes commises par lui ayant été moins graves, il pourrait le plus équitablement invoquer les circonstances atténuantes. En d'autres termes, le divorce serait refusé là où le lien conjugal est profondément atteint, et là où il ne l'est que légèrement, où, à la rigueur, l'éventualité d'une réconciliation est admissible il serait accordé. Telle n'a pas été certainement la pensée des auteurs de la loi.

« L'embarras du juge sera donc grand », disais-je au Sénat dans mon exposé des motifs.

« S'il ne veut pas tomber dans l'arbitraire, il sera forcé de se faire un article 310 à son usage, différent de celui que vous avez voté, et qu'il appliquera dans tous les cas. »

J'ajoutais que la magistrature étant divisée, cet article, *de droit prétorien*, comme on dit à l'école, différerait selon la composition du tribunal ou de la cour ; qu'il ne serait pas le même à Caen qu'à Douai, à la première Chambre du tribunal de la Seine qu'à la quatrième ; qu'il y aurait forcément, qu'en fait il y avait déjà, deux jurisprudences opposées dans le pays.

Et je citais de nombreux arrêts pour justifier cette assertion.

Ainsi la Cour de Rennes, 27 avril 1885, première chambre, déboutait un époux, Jéglot, contre lequel la séparation de corps avait été prononcée, de sa demande en conversion, parce que

Il serait contraire à la morale publique de faire bénéficier l'époux coupable de ses fautes personnelles et d'imposer à la femme innocente un divorce qui FROISSERAIT SA CONSCIENCE, *son honneur, et plus encore peut-être ses sentiments maternels.*

La Cour de Caen, au contraire, présidée par M. Hoüyvet, formulait ainsi, le 20 avril 1885, dans un cas analogue, les motifs d'un arrêt inverse du précédent. Elle admettait la conversion :

Attendu que le législateur de 1884 a pensé que le divorce était préférable à la séparation de corps, et qu'il convenait de ne pas maintenir indéfiniment, contre le gré de l'un des époux, une situation fausse qui ne laisse d'autre alternative qu'un célibat rigoureux ou l'adultère.

Et :

Attendu que l'admission du divorce doit, par suite, être la règle générale, et le rejet de la demande une exception qui doit se motiver par des causes graves et particulières.

S'agissait-il de demandes émanées des époux au profit desquels la séparation de corps avait été prononcée, les mêmes divergences se manifestaient.

Dans l'affaire d'une certaine dame Petit, qui, ayant obtenu un jugement de séparation de corps en demandait la conversion en divorce, la même

Cour de Caen faisait droit aux conclusions de la demanderesse en s'appuyant sur ce que :

Aux termes de l'article 306 du Code civil, la séparation de corps ne peut être demandée que dans le cas où il y a lieu à demande en divorce.... et qu'il suffit que la séparation de corps ait été prononcée et ait duré plus de trois ans pour que chacun des époux, le mari comme la femme, soit recevable à demander la conversion de la séparation de corps en divorce..., etc., etc.

La Cour de Douai, au contraire, dans son arrêt du 5 février 1885, prétendait *qu'il appartenait aux juges d'apprécier si les faits constatés lors de l'instance en séparation sont assez graves pour prononcer la rupture du lien conjugal.*

Je concluais de la citation complète de onze jugements ou arrêts contradictoires, qu'il existait une véritable anarchie dans la jurisprudence, que la Cour de Cassation avait été impuissante à y mettre ordre, les tribunaux de première instance et les cours d'appel jugeant toujours en fait pour éviter le pourvoi, et qu'il importait dès lors de mettre fin à ce chaos, en revenant à la rédaction de l'article 310 qu'avait proposé la Chambre et que le Sénat lui-même, sur l'initiative de sa commission, avait admis en première délibération.

Cette proposition parut impressionner le Sénat,

et certains de ses membres, qui avaient été primitivement opposés au divorce, s'honorèrent grandement en s'inclinant devant la loi votée, et en reconnaissant que, puisque le divorce était rétabli, l'article 310 devait être modifié dans le sens indiqué par moi. De ce nombre était M. Merlin. La Commission, composée de MM. Goutay, président, Peaudecerf, Humbert, Barne, de Pressensé, Allou, Emile Labiche, Alfred Naquet et Merlin, était favorable à ma proposition à la majorité de six voix contre trois. Elle me nomma rapporteur et je déposai mon rapport le 6 juillet 1886.

Malheureusement, si des hommes comme M. Merlin, ennemis théoriques du divorce, étaient venus à moi, jugeant indispensable de rendre logique et applicable la légalité existante, d'autres, tels que M. Labiche et M. de Marcère, auxquels nous avions dû de si importants services en 1882 et en 1884, opérèrent une évolution en sens inverse. Voulant demeurer fidèles à la transaction qu'ils avaient consentie à leur corps défendant en 1884, se croyant engagés par elle, ne concevant pas qu'une assemblée renouvelée, dont l'esprit s'est modifié, n'est pas liée par sa devancière, ils se prononcèrent énergiquement, presque passionnément, contre la réforme projetée ; et quand la question vint en séance publique, malgré l'éloquente intervention de M. Léon Renault, nous fûmes battus par une majorité de trente voix.

Depuis lors, la proposition a été reprise plusieurs fois à la Chambre des députés par M. Saint-Martin d'abord, par M. Julien ensuite.

Ce dernier, qui insistait sur le conflit de jurisprudence que j'avais signalé, a même cité un curieux jugement dans lequel une conversion est refusée sous le prétexte que le défendeur, qui est militaire, est à la veille d'être promu à un grade supérieur, et que le plaisir qu'il en ressentira aura sans doute pour résultat de rendre possible la reprise de la vie commune.

De telles facéties devaient entraîner la Chambre ; et de fait, au palais Bourbon, le rétablissement du texte primitif de 1882 a été admis presque sans discussion chaque fois qu'il a été proposé.

Mais chaque fois aussi il s'est heurté à une espèce de *non possumus* de la part du Sénat.

En dernier lieu, la haute assemblée avait condescendu jusqu'à rendre la conversion obligatoire, lorsque l'instance serait introduite par le demandeur originaire ; mais elle laissait subsister l'arbitraire des tribunaux pour les cas où la demande de conversion émanerait du défendeur primitif.

Un texte pareil, loin d améliorer la législation, l'aurait rendue pire.

Naturellement, lorsque l'époux qui a obtenu la séparation de corps en demande la conversion en divorce au bout de trois ans, il l'obtient presque toujours. Sous ce rapport la jurisprudence s'est assagie. La modification acceptée au Luxembourg n'aurait donc rien apporté aux justiciables.

Par contre, la distinction établie entre les demandes émanées de l'un ou de l'autre époux aurait fortifié la jurisprudence des cours et tribunaux hostiles au divorce. Ils auraient trouvé dans ce nouveau texte un argument pour soutenir que l'époux coupable ne peut pas se réclamer de ses propres fautes ; et la faculté que lui laisse aujourd'hui la loi, faculté dont il bénéficie fort souvent, lui aurait été indirectement retirée. La Chambre a estimé que le texte actuel était encore préférable, si mauvais qu'il fût, à celui que lui présentait le Sénat sous couleur de progrès, et elle a justement repoussé ce cadeau dangereux.

Avec ce dernier épisode législatif finit l'histoire du rétablissement du divorce, histoire qui se rouvre aujourd'hui par les pétitions des frères Paul et Victor Margueritte, et de M. le président Magnaud.

DEUXIÈME PARTIE

DISCUSSION

CHAPITRE VI

COMBATS D'ARRIÈRE-GARDE

Les adversaires de la veille, après les lois de 1884 et 1886, se sont bornés à réformer le régime de la séparation de corps dans l'espérance de combattre par là la tendance que pourraient avoir les époux catholiques à user de la législation nouvelle; mais ils n'ont déposé aucune proposition de loi abolitive ou restrictive du divorce.

En dehors du Parlement, quelques protestations se sont produites, venues toujours ou presque toujours du parti catholique. En 1895, M. Paul Bouchacourt avait saisi la Conférence Molé-Tocqueville d'une proposition de loi tendant à l'abolition du divorce, et, au nom de la commission chargée de l'examiner, il avait rédigé un rapport que la conférence avait bien voulu me faire parvenir.

Mais ce rapport ne faisait que reprendre un à un les arguments qui avaient défrayé toutes les polémiques de 1876 à 1884; il n'y ajoutait rien de neuf : intérêt de la famille, intérêt de la femme, intérêt des enfants, liberté de conscience des catholiques.

Invité d'ailleurs très-gracieusement, je me fis un vrai plaisir de me rendre à la réunion; j'y discutai le 31 mai 1895 le rapport de M. Bouchacourt, et le 14 juin de la même année j'y retournai pour réfuter M. Caire et M. Colrat, qui avaient répliqué à mon discours du 31 mai.

En réalité, j'aurais pu m'en dispenser. Mais je ne crus pas pouvoir me dérober à ce cartel intellectuel : il est toujours mauvais de sembler fuir une discussion.

Je ne fis, toutefois, que maintenir à la Conférence Molé ce que j'avais répété à satiété pendant les huit années qu'avait duré ma campagne. Nous tombions les uns et les autres dans des redites, et s'il y avait là de quoi flatter les passions d'un petit nombre, tout intérêt philosophique avait disparu.

En votant le rétablissement du divorce en 1884, et en complétant la loi par les modifications de procédure adoptées en 1886, le Sénat et la Chambre des députés avaient condamné les arguments de ceux qui avaient combattu cette réforme. Le Parlement et le Gouvernement lui-même les avaient déclarés sans valeur, et rouvrir le débat sur les mêmes points, c'était, par suite, faire œuvre vaine.

Pour apprécier la réforme accomplie, il fallait au moins attendre que des faits nouveaux, en harmonie ou en contradiction avec les prévisions de ses promoteurs, permissent de formuler un jugement.

C'est ce qu'a fait notre adversaire de 1881, M. Louis Legrand. Dans une lecture à l'académie des sciences morales et politiques, publiée *in extenso* dans les numéros de l'*Économiste français* des 4 et 11 octobre 1902, il s'est efforcé, par des données statistiques postérieures à la loi de 1884, de montrer les mauvais effets de cette loi.

J'avais écrit, en 1876, que « si le divorce existait, et *s'il était très facile à obtenir*, l'adultère deviendrait plus rare encore que les unions libres entre gens non mariés » ; que « le nombre des liaisons clandestines irait en diminuant et, avec elles, le nombre des enfants que cette clandestinité prive de toute garantie » ; qu'à mes yeux « la nouvelle loi ne devait avoir pour effet de désunir aucun ménage », et que si elle exerçait une influence ce serait plutôt dans le sens de la diminution des désunions..

L'ancien ministre de France à La Haye cite

avec complaisance ces passages, des extraits analogues des discours de M. Léon Renault, de M. de Marcère, de M. Labiche, et il met ensuite en regard de ces affirmations les faits qui se sont réalisés depuis dix-huit ans.

En 1884, il y avait eu 2,821 demandes de séparation de corps accueillies. En 1900, il y en a eu encore 2,253. La diminution n'a donc guère dépassé un cinquième.

D'autre part, le nombre des divorces s'est considérablement accru.

En 1884, c'est-à-dire la première année où la loi a été appliquée, il s'était produit seulement 1,773 demandes, dont 1,657 avaient été accueillies. Mais en 1898, 1899 et 1900, les chiffres des divorces demandés se sont élevés respectivement à 9,521, 9,461 et 9,309, et ceux des divorces accueillis à 8,100, 8,042 et 7,820.

Et M. Louis Legrand de pousser le cri d'alarme : la famille tend à se dissoudre.

Les répugnances contre lesquelles le divorce s'est tout d'abord heurté vont chaque année en s'affaiblissant. C'est ainsi que le nombre des demandes de divorce formées par les femmes a toujours été en augmentant ; dans le total de 9,461 relevé en 1899, il figure pour 5,384, c'est-à-dire pour plus des cinq neuvièmes. Cette augmentation continue indique évidemment que la femme subit de moins en moins l'influence des considérations religieuses et sociales qui étaient de nature à l'arrêter. Un autre symptôme à noter, c'est que les hommes divorcés et les femmes divorcées se remarient assez peu entreeux. La plupart des seconds mariages contractés par eux le sont, et de plus en plus, avec des veufs et des veuves et aussi avec des garçons et des filles. Rien ne prouve mieux que la révolte contre le principe de l'indissolubilité n'entraîne, au point de vue nuptial, pour celui qui y a recouru, qu'une dépréciation sensiblement décroissante. Il faut bien le reconnaître, le divorce entre chaque jour davantage dans les mœurs.

Et plus loin :

Il y a un remède radical qui consisterait à revenir sur la loi de 1884. Les assurances optimistes dont elle s'était fait précéder ne se sont pas réalisées, et les maux prédits non seulement se sont accomplis, mais ont dépassé la mesure de ce qui avait été prévu. Soit qu'elle renfermât en elle-même un germe malin incoërcible, soit qu'elle ait été dénaturée dans l'application, il est certain qu'elle a introduit dans la Société française un grave élément de perturbation.

Malgré toute la force de ces considérations, je ne voudrais pas conclure à l'abrogation de la loi de 1884. — Je ne le veux pas parce que *j'en aperçois l'impossibilité*. Ce n'est pas un des moindres vices du divorce qu'un pays ne peut plus s'en débarrasser, une fois qu'il l'a inoculé dans sa législation et de là dans ses mœurs. L'exemple de la Belgique est là pour le prouver. Nous ne sommes plus au temps où un Solon et un Lycurgue pouvaient librement donner à leur peuple la loi qu'ils estimaient la plus sage. Il faut compter aujourd'hui avec l'opinion et ne pas espérer lui imposer une médication qui lui répugne ou lui interdire un poison qui lui agrée.

Or l'opinion chez nous n'est nullement en révolte contre le divorce ; elle semble plutôt l'adopter chaque jour davantage et la défaveur, sur laquelle on avait compté comme sur un frein, est bien loin de s'être produite.

Désolé de ne pouvoir revenir à l'indissolubilité du mariage, l'auteur de cette communication demande au ministre de la justice d'adresser une circulaire aux Conseils d'assistance judiciaire, pour leur recommander de n'accorder l'assistance qu'avec la plus grande circonspection.

Il a reconnu, en effet, que c'est dans la classe ouvrière que le divorce progresse le plus.

« On a vu plus haut, dit-il, que c'est surtout parmi les ouvriers que les dissolutions de mariage se sont multipliées. »

Et encore :

« Le mal a atteint toutes les classes de la société, mais c'est surtout dans les classes ouvrières que se produisent ces tristes résultats. »

L'argumentation de M. Louis Legrand peut donc se résumer ainsi :

Le divorce a quadruplé le nombre des ménages dont la désunion est officiellement constatée chaque année ;

Il est demandé par les femmes beaucoup plus que par les hommes ;

La classe ouvrière est celle qui en profite le plus.

Enfin l'adultère s'est accru dans de fortes proportions au lieu de diminuer comme on l'avait espéré, et le divorce n'a exercé aucune influence favorable sur la nuptialité et sur les naissances naturelles.

J'ai toujours été frappé de la facilité avec laquelle on fait dire aux chiffres tout ce que l'on veut ; et le mémoire dont je m'occupe ici fortifie en moi cette opinion.

Je trouve dans les données qu'il nous apporte la preuve incontestable du bienfait qu'a été pour la France la législation du divorce.

D'abord 8,100 divorces ont été prononcés en 1898, 8042 en 1899, 7,820 en 1900. Je le regrette en ce sens qu'il aurait mieux valu que tous les ménages qui se sont rompus eussent été unis ; mais ils ne l'étaient pas !

Si la nouvelle loi n'avait pas existé, 16,200 époux en 1898, 16,084 en 1899 et 15,640 en 1900 auraient été rivés à une chaîne odieuse et auraient vu leur vie brisée. Au lieu de cela, ils se sont refait une existence, ont pu se reconstituer une famille et, disposés au travail et à la production par le calme du foyer, ont donné à la société ce qu'elle n'aurait sûrement pas obtenu d'eux s'ils étaient restés emprisonnés dans le bagne domestique.

Si nos adversaires nous avaient montré qu'on ne divorce pas, j'aurais pu m'en réjouir en y voyant une preuve de la pureté des mœurs, mais j'en aurais certainement conclu que la loi qui a autorisé la rupture des unions conjugales avait été à tout le moins inutile.

Tel n'est pas le cas. On divorce. On divorce même beaucoup. Et comme le divorce n'est certes pas un plaisir pour ceux qui en usent, j'en conclus que la loi qui l'a autorisé était nécessaire, et que ceux qui en ont été les initiateurs n'ont pas légiféré en vain.

Pour qu'il fût possible de raisonner autrement, pour qu'on pût suivre notre contradicteur dans ses déductions, il faudrait établir que le divorce a été non point le remède aux maux intolérables de 8,000 ménages désunis ; mais qu'il a porté le désordre dans 8,000 ménages unis, qu'en un mot il n'est pas la manifestation d'un mal existant en dehors de lui, mais la cause même du mal. Or, cette preuve, M. Legrand ne nous l'apporte pas, il le reconnaît implicitement lui-même dans le passage suivant :

C'est en vain qu'on s'est efforcé de pallier cette conséquence en disant qu'elle n'avait rien changé au fond des choses, qu'elle avait seulement fait apparaître, devant la justice, des misères conjugales qui, jusque-là ne venaient pas se confesser publiquement, mais qui n'en existaient pas moins pour rester latentes et qui se traduisaient par des discordes intestines ou des liaisons secrètes. Il resterait à savoir si ces discordes et ces liaisons sont maintenant moins nombreuses. Mais il y a là un ordre de faits qui échappe à tout recensement et l'on ne peut que poser la question en s'en rapportant pour la réponse aux impressions de chacun.

Que ces faits échappent à tout recensement, je n'en disconviens pas; mais ils n'en ruinent pas moins l'argument qu'on entend tirer de la statistique, puisqu'ils nous laissent dans l'ignorance absolue du seul chiffre qu'il nous importerait de connaître : celui du total des unions conjugales brisées légalement ou non.

Mon ancien collègue essaiera peut-être de me répondre par mon propre exemple, en me rappelant que, de 1876 à 1884, je me suis moi-même appuyé sur la statistique pour démontrer l'innocuité de la réforme que je proposais.

Je lui ferai remarquer que, sur ce point, il n'existe aucune analogie entre son raisonnement et le mien.

Les mêmes causes produisant toujours les mêmes effets, il est évident que dans un pays où la législation qui règle les séparations et les divorces demeure invariable, le rapport entre les ménages qui demandent aux tribunaux d'intervenir dans leurs différends et ceux qui préfèrent régler leurs situations à l'amiable doit rester constant. De l'un de ces termes on peut conclure à l'autre et au total des deux.

Il n'en va plus de même lorsque la loi se modifie, puisqu'alors les conditions qui déterminent les choix des intéressés se trouvent changées. Et ceci se passe de démonstration quand la modification se produit dans le sens d'une liberté plus grande, quand elle laisse entrevoir aux époux désunis la possibilité qu'ils n'avaient pas de se constituer un nouveau foyer. Le nombre des ruptures publiques s'accroît alors, relativement à celui des séparations amiables qui diminue. L'action judiciaire présente en effet, dans ce cas, des avantages qu'elle ne comportait pas avec la législation restrictive antérieure.

Lors donc que je comparais la Belgique où existait le divorce à la France qui ne le possédait pas encore, je me plaçais sur un terrain qui m'était défavorable. Avec la législation belge le pourcentage des désunions manifestées devait être plus considérable que chez nous. Si je montrais que cependant la somme des divorces et des séparations de corps rapportées à un même chiffre de population y demeurait inférieure à celle des séparations de corps dans notre pays, j'étais logiquement fondé à en conclure que chez nos voisins, depuis 1816, le divorce n'avait pas contribué à corrompre les mœurs.

Mais lorsque M. Louis Legrand compare la statistique française de l'époque qui a précédé le rétablissement du divorce, à celle de l'époque qui l'a suivi, il n'a plus le droit d'en tirer aucun enseignement, si ce n'est qu'un plus grand nombre de ménages ont recouru aux tribunaux pour se rompre. Comme il ignore la somme totale des ménages brisés à l'amiable avant et après la nouvelle loi, son argumentation n'a plus de portée.

Je ne voudrais cependant pas prétendre qu'en France, depuis 1884, le nombre des unions conjugales rompues soit demeuré stationnaire. Dans les pays où la législation n'a subi aucune modification, le chiffre des séparations et des divorces a augmenté. Si donc, ainsi que je le disais plus haut, sous une législation fixe le pourcentage est invariable entre les désunions apparentes et les désunions totales, il faut en conclure que le nombre des mauvais ménages s'y est accru.

En Allemagne, je tire ces données du mémoire même de M. Louis Legrand, les divorces se sont élevés de 1885 à 1900, de 8 à 10,000, soit 25 % d'augmentation ; en Belgique, l'augmentation a été plus forte encore ; elle a atteint 50 % environ : 594 contre 883 ; et dans ces deux pays il est impossible de mettre le fait sur le compte de la loi, puisque la loi est demeurée la même.

Il y a donc dans notre civilisation moderne des causes de désunion qui vont partout en s'aggravant, et ce n'est pas dans le régime matrimonial qu'elles résident.

La première, la plus importante de toutes, est l'alcoolisme qui augmente constamment ses ravages, qui fait des fous, des épileptiques, mais aussi des demi-fous, des déséquilibrés incapables de maintenir et d'élever une famille.

La transformation économique qui s'opère, et qui, par la concentration des capitaux rejette un si grand nombre de petits producteurs dans le prolétariat, est une autre de ces causes et des plus puissantes.

J'en trouve une troisième dans le snobisme de la bourgeoisie et de la noblesse, snobisme qui pousse à l'exagération des dépenses, et occasionne ainsi de fréquents adultères, sur lequel le monde jette un œil bienveillant tant qu'ils ne donnent lieu à aucun scandale.

Le luxe insolent des uns comparé à la misère des autres vient encore jouer sa partie dans le concert.

Enfin, il faut bien le dire, l'affaiblissement continu des croyances religieuses y contribue aussi en rendant les époux « moins résignés, moins disposés à supporter, à excuser et à oublier ». On peut se réjouir de cet état d'esprit, — c'est notre cas à nous qui considérons la résignation comme le plus terrible élément d'injustice et d'oppression dans le monde. — On peut le regretter, et c'est le cas de M. Louis Legrand. Mais il est impossible de ne pas constater le fait, et ce n'est pas dans notre siècle de science et de lumière, dans notre siècle où toutes les vérités sont ouvertes à tous, que l'on rétablira les vieilles superstitions et les vieilles croyances.

Voilà quelles sont les causes réelles du chiffre chaque jour croissant des mauvais ménages dans tous les pays, dans ceux où existe le divorce comme dans ceux où il n'existe pas.

M. Jacques Bertillon, un peu avant le vote de la loi de 1884, avait fourni la preuve de ce que je viens de résumer, et cette preuve me fut d'un grand secours dans la discussion devant les Chambres.

Il avait constaté dès cette époque que le nombre des suicides suit la même progression ascendante que celui des ruptures de mariages ; et comme son étude statistique ne lui avait révélé aucune connexité entre les deux ordres de phénomènes, il avait dû en conclure qu'ils relevaient d'une cause commune, le déséquilibre cérébral, la demi-folie. La loi ne pouvant d'ailleurs exercer aucune influence sur les suicides, la similitude des effets démontrait que l'action de la loi était nulle ou sensiblement nulle dans les deux cas.

Cette démonstration, tout à fait scientifique, tout à fait positive, M. Legrand la confirme et la corrobore aujourd'hui dans le passage suivant :

Il n'est pas sans intérêt de noter ici l'analogie qui existe entre la statistique des suicides et celle des procès domestiques. Les suicides ont augmenté chez nous, sinon dans la même proportion, du moins parallèlement avec les divorces.

Il y avait eu 7.267 suicides en 1883 ; il y en a eu 8.952 en 1899 et 8.926 en 1900. Les milieux où les suicides abondent sont également ceux où les divorces se multiplient. Les deux ordres de faits sont fréquents dans les villes ; ils sont rares parmi les populations rurales.

On a expliqué cette relation par la raison que l'accroissement des uns et des autres procédait d'une même cause, à savoir la multiplication des individus mal équilibrés. Il semble pourtant que l'institution du divorce, en ouvrant une porte aux désespérés du mariage, aurait dû réduire le nombre des suicides occasionnés par des chagrins domestiques, par un amour contrarié ou par la jalousie ; or ce nombre qui était de 1.108 en 1883 est de 1.404 en 1889 et de 1.344 en 1900.

Les dernières lignes n'enlèvent rien à l'argumentation rigoureuse qui découle des prémisses.

D'abord, rien n'indique que les suicides pour cause de chagrins domestiques n'eussent pas progressé davantage si le divorce n'avait pas été rétabli.

En outre, il y a lieu ici à une observation qui s'impose. Lorsqu'un ménage se désunit, il est rare que le déséquilibre cérébral s'accuse chez chacun des époux. En général, il y en a un qui est demi-fou, et un autre qui est sain d'esprit.

C'est sur celui-ci seulement que l'institution du divorce pourrait agir pour écarter l'idée du suicide. Mais son influence ne pourrait être considérable, par la raison que les personnes dont l'intelligence et les passions sont normales ne se suicident pas pour des chagrins domestiques. Ceux qui se suicident — ou qui tuent, — ce sont justement les déséquilibrés passionnels; et sur ceux-là, les mobiles qui dirigent les hommes sains demeurent sans action.

Je suis convaincu, quoique je n'aie pas fait de recherches sur ce point, que la criminalité doit suivre la même progression que les suicides et les divorces, parce qu'elle relève encore du même état mental.

En France, il est vrai, les suicides — et probablement la criminalité — tout en s'accroissant, l'ont fait dans une moindre proportion que les divorces. Mais c'est uniquement parce que la législation matrimoniale, en s'élargissant et en rendant apparente une proportion plus considérable des désunions qui existaient en fait, a rendu les chiffres non comparables.

Si M. Louis Legrand avait établi le rapport de l'augmentation des suicides et des divorces depuis 1884 en Allemagne, où la législation en ce qui concerne la rupture du mariage n'a pas varié, et où par conséquent les chiffres étaient restés comparables, il aurait sans nul doute reconnu que le parallélisme est plus frappant encore, la ressemblance plus étroite, que ne le montre sa statistique pourtant absolument probante.

Mais alors, si le divorce n'est pas la cause de l'accroissement qu'on constate dans le nombre des mariages qui se rompent, s'il n'en est que la manifestation, loin de présenter des dangers, il joue le rôle de la soupape qui, dans les machines thermiques, donne une issue à la vapeur quand la pression devient trop forte, et évite les explosions.

Je ferai la même réponse relativement à l'adultère. Il peut avoir subi une augmentation par les mêmes causes que j'ai signalées plus haut. Mais ici, il est bien clair que l'institution nouvelle a dû faire apparaître au grand jour bien des cas d'adultère qui jusque-là demeuraient dans l'ombre. Tel mari qui se serait contenté de chasser sa femme sans se donner l'odieux d'un constat et d'une condamnation, se résout à faire constater, parce qu'il en résultera pour lui la liberté, ce qu'en langage bourgeois — et je ne sais vraiment pourquoi — on appelle sa honte.

En second lieu, avant 1884, il était infiniment rare que l'adultère du mari eût des suites judiciaires. Il ne donnait lieu, en effet, à une action en justice que s'il s'était produit dans la maison commune. Aujourd'hui que, sous ce rapport, en ce qui concerne les procès en séparation de corps et en divorce, l'homme et la femme sont placés sur le pied de la plus parfaite égalité, beaucoup d'adultères de cette catégorie, de beaucoup la plus nombreuse, deviennent manifestes et sont enregistrés par les statistiques.

Enfin, en refusant de rétablir le divorce par consentement mutuel, on a tout naturellement amené les époux à y suppléer et à se créer d'un commun accord des causes de divorces fictives. Comme l'adultère est la plus commode de toutes, et que, lorsqu'il est commis par le mari, il n'entraîne aucun déshonneur, c'est souvent à ce subterfuge qu'on recourt. De là les agences de faux adultères qui, il y a quelques années, furent mises en évidence dans un procès dont les journaux racontèrent les péripéties amusantes.

Je conviens même que ces adultères voulus et concertés ne sont pas toujours faux.

J'en ai eu récemment la preuve.

Deux époux qui s'aimaient passionnément et n'avaient aucune envie de se tromper, vivaient il y a trois ans dans une ville du midi.

Ils étaient mariés sous le régime dotal, ce legs stupide de la loi romaine, et voulaient mettre leurs biens en liberté.

Comment s'y prendre?

Il n'y avait qu'un moyen : divorcer et se remarier ensuite.

Il est vrai que la loi s'oppose dans ce cas à ce que les époux réunis adoptent d'autres conventions matrimoniales que les premières. Mais si, pendant le temps qu'aura duré leur liberté, ils ont vendu leurs immeubles et dénaturé leurs fortunes, la loi demeurera sur ce point lettre morte.

Tel fut le parti que prirent nos amoureux.

Seulement, pour divorcer il fallait une cause. Ma foi ! quand on s'aime, quand on est sûr de soi, on peut bien donner, pour une fois, selon l'expression populaire, un coup de canif dans le contrat. C'est naturellement au mari qu'incomberait la besogne. La femme le ferait prendre en flagrant délit et le divorce serait de droit.

Il y eut un accroc momentané au projet. Le commissaire de police chargé du constat, et qui ne se doutait pas de la machination, était ami du mari, et il l'avertit de ne pas se laisser surprendre.

Ce fut une difficulté. On parvint cependant à la surmonter, le constat eut lieu et le divorce fut admis. Il eut même une conséquence assez inattendue.

Les divorcés qui, je l'ai dit, étaient profondément épris l'un de l'autre, n'eurent garde de se séparer. Pendant les dix mois de viduité exigés de la femme avant qu'elle pût contracter un nouveau mariage, ils vécurent en concubins. Malheureusement, leurs amours illégitimes furent fécondes. Un enfant naturel naquit de leur union ; j'ignore ce qu'est devenue sa situation : il a pu être légitimé par un mariage subséquent.

Voilà une circonstance où la loi de 1884 a déterminé un cas d'adultère et la naissance d'un enfant naturel.

Mais est-ce au principe du divorce qu'on le doit ? Non ! C'est aux restrictions auxquelles le législateur de 1884 en a subordonné l'exercice.

Que le divorce par consentement mutuel eût été autorisé, toute cette machination devenait inutile et l'adultère concerté ne se produisait pas.

De même, si les dix mois de viduité n'avaient pas été exigés de la femme, ce qui aurait été sans inconvénient dans l'espèce, puisqu'elle convolait avec son propre mari et que, dès lors, aucune erreur de filiation n'était à redouter, on n'avait plus à déplorer l'illégitimité de l'enfant.

Enfin, si les rédacteurs du Code, de ce monument de réaction admiré par une bourgeoisie ignare qui croit y voir l'œuvre de la Révolution, n'étaient pas allés ramasser dans le fatras des lois romaines le régime dotal, il n'y avait même plus de divorce.

Les faits, regrettables en somme, que je viens de mettre sous les yeux du lecteur et qui doivent être plus fréquents qu'on ne le suppose, ne sont donc pas l'œuvre de la liberté, mais la conséquence des obstacles accumulés contre la liberté. Qu'on les multiplie, les comédies qu'ils engendrent se multiplieront avec eux. Elles disparaîtraient, au contraire, si l'on se décidait à rétablir le divorce par consentement mutuel et le divorce unilatéral sans cause déterminée, tels que les avaient admis la loi du 20 septembre 1792, et plus explicitement encore, le projet de Code civil de la Convention.

Mais M. Louis Legrand ne se borne pas à tirer des conclusions erronées des chiffres que lui livrent les statistiques officielles. Avec une entière bonne foi, il nous fournit des données précieuses pour nous.

De 1876 à 1884, pendant que les partisans du divorce luttaient pour le rétablissement de cette loi moralisatrice, les adversaires de la réforme accumulaient contre elle arguments sur arguments. On la dénonçait d'abord comme contraire à l'intérêt des femmes : outre qu'elle les blesserait dans leurs consciences de catholiques, elle les atteindrait dans leurs intérêts. Abandonnées par leurs maris et dépréciées par un premier mariage, elles ne trouveraient pas à en contracter un second et constitueraient une classe déshéritée de la société.

Nous protestions alors en citant l'exemple des veuves. Mais on nous objectait que la dépréciation était moindre pour elles qu'elle ne le serait pour les divorcées, frappées, celles-ci, de réprobation par la société.

M. Louis Legrand s'est chargé de la réponse.

Ce sont surtout les femmes qui demandent à divorcer et le divorce les déprécie si peu que non seulement elles trouvent à se remarier avec des hommes divorcés comme elles, mais aussi, et même le plus souvent, avec des veufs ou des célibataires.

Une telle constatation, rapprochée des résolutions prises par les congrès féministes qui, tous, réclament l'élargissement de la loi et non son abrogation, est la meilleure réfutation à opposer à cet argument, que nous présentaient autrefois MM. Jules Simon et Brisson, et que nous présente encore M. Louis Legrand, sans s'apercevoir — tant sont puissantes les idées préconçues — qu'il se réfute lui-même.

Enfin, on ne cessait de répéter aux républicains que le divorce était une loi aristocratique, utile aux seules classes privilégiées et riches, que les ouvriers n'y auraient jamais recours et qu'il était peu démocratique, dès lors, de s'en occuper, lorsqu'il y avait tant de questions qui restaient en souffrance, et qui étaient plus intéressantes pour les travailleurs.

M. Louis Legrand vient encore, après dix-huit années d'expérience, de nous apporter la preuve que cette allégation était contraire à la réalité des faits. Ecoutons-le :

Si, dit-il, on décompose le total des divorces d'après la profession exercée par la partie demanderesse, on s'aperçoit que le nombre n'a augmenté que faiblement pour les propriétaires, rentiers et assimilés (771 en

1885, — 864 en 1899), qu'il s'est développé déjà un peu plus pour les commerçants et les marchands (930 en 1885, — 1.258 en 1899), qu'il s'est accru considérablement parmi les classes ouvrières (1.666 en 1885, — 4.890 en 1899).

Et plus loin :

Le mal a atteint toutes les classes de la société. Mais c'est surtout dans les classes ouvrières que se produisent ces tristes résultats. On a vu les désordres croissants qu'engendre la législation du divorce parmi la population laborieuse des villes : de moins en moins le mariage y apparaît à l'homme comme un frein et à la femme comme une protection.

M. Louis Legrand en est-il bien sûr? Il me semble que l'on peut tirer de ses prémisses des conclusions diamétralement opposées.

Le cant, comme disent les Anglais, la peur de l'opinion, le respect des préceptes religieux auxquels on a cessé de croire, mais avec lesquels le bon ton ne permet pas de rompre, se sont de tout temps imposés dans l'aristocratie et la bourgeoisie, et n'ont presque jamais exercé d'action sur le peuple.

De là cette conséquence que si, avant le divorce, on violait, en haut comme en bas, et tout autant qu'en bas, la loi du mariage, on le faisait avec dissimulation. Maris et femmes s'adonnaient librement à leurs caprices, sans même prendre la peine de les cacher ; mais ils ne les avouaient pas.

Ils continuaient d'habiter sous le même toit, de fréquenter ensemble dans le monde, et le monde ne leur en demandait pas davantage. Il fermait les yeux avec indulgence. Que dis-je ? Il favorisait ces relations affichées mais non confessées. Une dame du meilleur monde, qui mettait d'ailleurs largement le précepte en pratique, me disait un jour :

« La société se corrompt. Autrefois, lorsqu'on connaissait un amant à une femme mariée, on n'aurait pas osé les inviter ensemble. Aujourd'hui, ne pas les inviter en même temps et ne pas les placer à table à côté l'un de l'autre serait un manque de convenances. »

L'aristocratie, avec moins de cynisme si l'on veut qu'au XVIIIe et surtout qu'au XVIIe siècle, ne se faisait donc pas faute de traiter fort légèrement, dans la pratique, l'institution qu'elle déclarait sacro-sainte en théorie.

Et comme elle trouvait dans cette façon d'agir, plus de liberté, plus de commodité pour le changement que dans le divorce ; comme d'ailleurs, il convient, en ce temps d'audace révolutionnaire, de ne pas battre en brèche la religion, cette pierre angulaire du capitalisme, elle continue, cette aristocratie, à se conduire aujourd'hui comme elle se conduisait hier. Le divorce l'a peu entamée : elle n'en avait pas besoin. Selon l'expression bien connue de Cernuschi : « L'adoultère y loui souffit ».

Dans le peuple, plus de cant ! plus de conventions mondaines ! Le peuple ne vit pas en ordre de dissimulation. Il vit en ordre de vérité.

Avant la loi du divorce, parmi les ouvriers, le mariage comptait pour peu de chose. Mariés ou non, les couples, lorsque d'ailleurs ils étaient honnêtes, n'en étaient ni moins aimés ni moins estimés.

Le divorce, écrit M. H. Coulon, n'a aucune importance sur les ménages ouvriers. Il n'y a apporté aucun trouble. Bien avant la loi de 1884, sans se préoccuper ni de la législation existante, ni du jugement qui pouvait leur rendre régulièrement leur liberté, l'homme et la femme se quittaient quand ils avaient assez l'un de l'autre, et allaient créer de nouvelles unions qui, alors, ne pouvaient être qu'irrégulières sans même songer au sort légal de leurs enfants nés ou à naître.

C'est que le divorce n'a aucune influence sur le peuple, parce qu'il n'a, comme le mariage, hélas ! d'intérêt que pour ceux qui possèdent et qui ont des droits à régler.

Dans la classe ouvrière, le sort des enfants était malheureux autrefois comme il l'est aujourd'hui ; sauf le cas, qui était inconnu avant la loi sur le divorce, *où le mari ou la femme se reconstitue un foyer*. Là les enfants sont plus heureux que dans les unions libres qui suivaient les séparations de fait du temps passé (1).

Voilà l'explication des chiffres de M. Louis Legrand.

(1) Henri Coulon. — Le Divorce par consentement mutuel. — Introduction, p. 15 et 16.

Autrefois, les ouvriers se prenaient et se quittaient librement. Aujourd'hui, une grande partie d'entre eux divorcent et se remarient, et il y a là, même aux yeux des personnes qui, comme nous, jugent en principe l'union libre supérieure au mariage, un avantage réel dans la société où nous vivons.

Certes! le mariage n'est point une loi coercitive. Nul n'est tenu de se marier ; et tant que la recherche de la paternité n'est pas établie, il est même parfaitement licite de prendre une femme et de la quitter, après lui avoir fait des enfants, sans s'occuper ni d'elle ni de sa progéniture.

Si l'on se marie, c'est beaucoup pour garantir la sécurité des enfants, et beaucoup aussi à cause de la flétrissure imprimée par l'opinion publique aux femmes qui vivent librement, sans consécration sociale ni religieuse, avec l'homme de leur choix.

Evidemment, si les mœurs se modifiaient, si le déshonneur consistait, non pour la femme à entrer dans une union libre, mais pour l'homme à faire des enfants et à les abandonner, l'union libre nous donnerait les mêmes garanties que le mariage ; et par le progrès de la moralité publique, cela viendra sûrement un jour.

Mais chez l'ouvrier, le mariage perd en grande partie son caractère de protection vis-à-vis de la femme et de l'enfant. Il n'ajoute rien à l'honorabilité de la femme, car, dans le peuple, l'union libre n'est pas flétrie ; et il ne sauvegarde pas les enfants contre l'abandon du mari, car vis-à-vis de qui n'a rien, la loi est impuissante.

Cependant, le mariage régulier apporte au ménage, à la femme surtout, certains avantages qui ne sont pas à dédaigner. Dans les moments difficiles, elle lui permet d'être plus efficacement secourue. Si ses enfants sont intelligents, il lui sera, par exemple, plus facile d'obtenir une bourse pour eux.

En somme, si convaincu que l'on soit que l'union des sexes est chose privée dans laquelle la société n'a pas à intervenir, il est impossible de nier que, dans notre milieu actuel, le fait par les ouvriers de divorcer et de se remarier, au lieu de se quitter et de se reprendre sans formalité d'aucune sorte, ne constitue un progrès matériel et moral indiscutable.

Les chiffres cités par M. Louis Legrand répondent donc péremptoirement à l'accusation portée contre le divorce d'être une loi aristocratique. Elle s'est montrée, au contraire, loi démocratique par excellence. Ce sont surtout les ouvriers qui en ont profité ; et l'influence qu'elle a exercée sur eux a été loin d'être corruptrice.

Ainsi :

Le divorce devait corrompre les mœurs. — Le chiffre des divorces prouve au contraire qu'il les améliore.

Le divorce devait nuire à l'intérêt de la femme. — Ce sont les femmes qui en usent le plus.

Il devait compromettre l'intérêt des enfants. — Il l'a favorisé en substituant, dans un grand nombre de ménages ouvriers, des mariages réguliers à des unions irrégulières.

Enfin, il violait la liberté de conscience des catholiques.

Nous reviendrons sur ce point dans un prochain chapitre. Mais, dès à présent, il ressort du travail de M. Louis Legrand que si les cléricaux, ces politiciens de la religion, continuent de le combattre, les catholiques, par contre, le trouvent si peu, contraire à la liberté de conscience que, n'y étant nullement forcés, ils en usent assez largement.

Je remercie M. Louis Legrand du secours qu'il m'a prêté en cherchant à me combattre. Il m'a évité une pénible recherche de chiffres et m'a apporté lui-même tous les documents qui étayaient ma thèse. J'aurais difficilement écrit un plaidoyer aussi complet que celui qui découle naturellement de son travail.

CHAPITRE VII

L'OBJECTION CATHOLIQUE

Le divorce existe chez toutes les nations protestantes, et chez toutes celles qui professent l'orthodoxie grecque.

Ne se dégage-t-il pas de là un enseignement? N'est-ce pas la preuve que les prétendus intérêts sociaux dont on ne cesse de nous fatiguer pour défendre l'indissolubilité du mariage sont sans portée?

Les protestants et les grecs orthodoxes ne sont pas moins soucieux que nous de la moralité publique; ils ne sont pas moins désireux d'assurer des garanties aux femmes et aux enfants.

Si donc la moralité publique avait été menacée par le divorce; si les intérêts des femmes et des enfants avaient été compromis; si même il avait pu exister un doute sur ce point, nous ne constaterions pas, parmi les peuples non catholiques, une telle unanimité dans la solution de cette question. Il s'en serait bien trouvé au moins un qui aurait reculé. Il ne s'en est pas trouvé un seul. Tous ont admis le principe de la dissolubilité plus ou moins large du mariage, et d'autant plus large que la secte à laquelle ils appartiennent est plus réformée.

Parmi les nations catholiques, au contraire, deux seulement ont réussi à implanter le divorce dans leurs mœurs, la Belgique et la France.

La Belgique l'avait reçu de la Révolution française, et l'avait conservé sous la forme atténuée du Code civil jusqu'à la chute de Bonaparte. Unie à ce moment-là à la Hollande, dans le royaume des Pays-Bas sur lequel régnait une dynastie protestante, elle dut à cette circonstance d'échapper à la furieuse réaction cléricale qui se déchaîna après 1815, et qui nous valut à nous la loi du 8 mai 1816.

En 1831, il est vrai, le pays s'affranchit de la domination hollandaise. Mais c'était à la suite de notre révolution de juillet, dans un moment où le cléricalisme reculait devant la bourgeoisie libérale, et l'heure eût été mal choisie pour abroger une loi que la Chambre des députés française s'efforçait à quatre reprises de rétablir.

Le divorce demeura, par suite, inscrit dans le Code belge. Plus tard, lorsque les catholiques s'emparèrent du pouvoir chez nos voisins, il n'était déjà plus temps d'opérer un mouvement rétrograde. L'indissolubilité du mariage était définitivement condamnée par les mœurs ; il n'était plus possible de la restaurer.

Dans notre pays, l'historique que je viens de faire dans la première partie de ce volume, montre quels obstacles il a fallu surmonter pour obtenir la liberté relative dont jouit aujourd'hui la famille.

Ce n'est pas que les autres peuples latins ne fassent effort pour mettre leur législation en harmonie avec le progrès général des idées. C'est en Portugal, M. Duarte Sampaio y Mello, qui propose à la Chambre l'établissement du divorce. C'est M. Carlos Olivera qui lutte avec énergie pour la même cause dans la République Argentine. C'est le Sénat de la fédération qui vote au Brésil cette importante réforme. C'est le Parlement mexicain qui en a été plusieurs fois saisi. Enfin, c'est M. Zanardelli qui, au nom du gouvernement, la propose à la Chambre des députés italienne.

Mais la discussion qui s'est déroulée en 1902 au Parlement fédéral de la République Argentine nous apporte justement la preuve convaincante de ce que nous affirmons : que le catholicisme est le seul obstacle réel que rencontre l'établissement du divorce là où cette institution n'est pas encore en vigueur.

Certes, j'ai déjà eu l'occasion de le dire dans ma préface, les débats ont été aussi amples et aussi élevés que possible à Buenos-Aires. On n'y a rien dit de tout à fait neuf, parce que, comme l'a très justement fait remarquer le rapporteur M. Barroetaveña, on ne peut apporter aucun argument nouveau dans une question que tous les Parlements discutent depuis plus d'un siècle et que les philosophes agitaient bien avant ; mais toutes les raisons d'ordre social, moral, juridique ont été examinées avec une conscience et un luxe de détails auxquels il faut rendre hommage.

Il se dégage toutefois de la lecture des discours prononcés en cette circonstance que ce qu'on me permettra d'appeler *les arguments laïques* ont constitué le décor de la pièce et que l'objection catholique en constituait le fond.

Les évêques de la République avaient osé saisir le Congrès d'une pétition dans laquelle, avec une audace inouïe, ils déniaient aux pouvoirs publics, au nom de la Constitution, le droit de légiférer sur l'indissolubilité du mariage, et c'est sur ce point surtout que se cantonnaient les adversaires de la réforme.

Il faut lire le discours de M. Galiano. Avec la

différence de forme qu'apporte la différence des temps, et que nécessite la présence d'une puissante opposition, c'est celui de M. de Trinquelague à la Chambre *introuvable* française de 1816. Je ne résiste pas au désir d'en donner un extrait, tant il est de nature à éclairer la question.

. . . .

. . . .

La minorité de la Commission a pensé, dit M. Galiano, que ce projet n'aurait même pas dû être pris en considération, parce qu'il s'oppose aux principes les plus clairs de la Constitution.

En effet, M. le Président (1), elles sont nombreuses les dispositions qui établissent les relations entre l'Eglise et l'Etat. Parmi elles il y a lieu de citer celle qui ordonne de contribuer aux frais du culte catholique (que manda sostener el culto catolico) ; celle qui prescrit de convertir les Indiens au catholicisme, celle qui exige que le président et le vice-président de la République appartiennent à la religion catholique, apostolique, romaine, et qui les oblige à prêter serment sur les Saints Evangiles, celle qui autorise le Congrès à faire des Concordats avec le Saint Siège. Toutes ces dispositions ont pour effet d'établir une relation entre l'Eglise et l'Etat. Quelle en est la nature ? Entraînent-elles création d'une religion d'Etat ? On pourrait, à cet égard, invoquer la grande autorité du Code civil. Le Code civil, en parlant des effets des lois par rapport au lieu, dispose que les lois étrangères ne seront point applicables dans la

(1) Dans la République Argentine, et dans la plupart des Parlements où les orateurs parlent de leur place et font face au bureau, on s'adresse au Président au lieu de s'adresser comme chez nous à l'Assemblée.

République si elles sont contraires à la *religion de l'Etat*; puis, entrant dans les applications, il donne comme exemple les textes législatifs étrangers qui admettent des mariages condamnés par l'Eglise catholique.

En traitant des personnes juridiques, le Code civil qui les organise établit que l'Eglise catholique est une personne juridique dont l'existence est *nécessaire*, comme l'est celle de l'Etat, et que toutes les autres communions sont des personnes juridiques dont l'existence est seulement possible. Seule, l'Eglise catholique est personne civile d'existence nécessaire. Toutes ces dispositions proclament et établissent la religion de l'Etat. De façon que, comme je l'ai déjà dit, je pourrais les invoquer pour affirmer que les articles de la Constitution que j'ai mentionnés constituent une véritable religion d'Etat.

Mais je n'ai pas besoin dans cette voie de pousser ma discussion aux extrêmes. Il me suffit que ces dispositions constitutionnelles aient établi une véritable union entre l'Eglise et l'Etat.

Eh bien! que signifie l'union entre deux pouvoirs? Que ces pouvoirs marchent d'accord en tout ce qui appartient à la fois à la sphère de l'un et de l'autre. C'est dire que *l'Etat ne peut pas faire, ne peut pas sanctionner ce que l'Eglise prohibe, et ne peut pas prohiber ce que l'Eglise consacre.* Tel est le sens de l'union entre deux pouvoirs.

Eh bien! le mariage est une de ces matières qui entrent dans la sphère des deux autorités. Il est régi par les lois de l'Eglise et par celles de l'Etat. Or, on sait que l'indissolubilité en est prescrite par le dogme catholique. Le Congrès n'aurait donc pas le droit d'entrer en conflit avec ce dogme en admettant le divorce, car ce serait contraire au droit religieux.

En 1816, M. de Trinquelague n'avait pas à discuter pour établir l'existence en France d'une religion d'Etat. En 1902, M. Galiano est obligé de se livrer à une savante dissertation juridique pour établir qu'il en existe une dans la République Argentine.

A cela près, les deux discours sont les mêmes : *le divorce doit être repoussé, parce qu'il est contraire aux préceptes de la religion catholique.*

De leur côté, les orateurs libéraux sentaient bien que la lutte était surtout une lutte religieuse. M. Carlos Olivera, laissant au rapporteur l'argumentation *laïque*, s'est presque exclusivement maintenu sur le terrain de la religion. Dans son admirable discours, il a présenté surtout la critique véhémente, passionnée, superbe, des institutions politiques dues à l'influence du christianisme dans le monde. Il en a montré la contradiction avec les lois de la nature humaine ; il en a fait ressortir les effets corrupteurs ; et, annonçant son intention de proposer la réforme des dispositions légales et constitutionnelles sur lesquelles s'appuyait M. Galiano pour affirmer l'existence d'une religion d'Etat, il n'a pas caché que le divorce n'était pour lui que le premier d'un ensemble de projets tous dirigés vers la laïcisation complète de la société Argentine.

Telle est la situation chez la plupart des peuples latins.

Aussi ni M. Duarte Sampaio y Mello, ni M. Carlos Olivera, ni le Sénat brésilien n'ont-ils réussi jusqu'à ce jour à vaincre les résistances que le clergé leur oppose. M. Carlos Olivera, dans un récent discours, annonce toutefois qu'il va reprendre sa proposition et il se flatte cette fois d'obtenir un succès. J'en accepte l'augure. La tâche n'est au-dessus ni de son talent ni de son courage ; et j'ai la ferme conviction que son dernier échec sera, comme le fut pour moi la défaite de 1881, le prélude de sa victoire prochaine. Il n'a été mis en minorité que de deux voix. Il n'aura pas de peine à transformer cette imperceptible minorité en une majorité importante.

Le projet a été repoussé trois fois au Mexique qui — ceci est à retenir — occupe cependant une place spéciale parmi les républiques d'origine espagnole. A la suite de la convulsion déterminée par la criminelle expédition de Napoléon III et le règne éphémère de Maximilien, les libéraux de ce pays, dont la proximité des États-Unis favorise encore l'évolution, ont remporté de grandes victoires sur le cléricalisme. L'Église a été séparée de l'État, les congrégations religieuses ont été dissoutes, et leur reconstitution a été interdite sous des peines très sévères. Mais il n'a pas encore été possible de vaincre les préjugés catholiques dont la population est imprégnée; et quoique le catholicisme militant, politique, y ait été brisé, les libéraux n'ont pu jusqu'ici remonter le courant qui s'oppose à l'établissement du divorce.

Quant à l'Italie, la lutte y est engagée depuis longtemps déjà. Le projet de M. Zanardelli n'est que la continuation des efforts tentés autrefois par M. Salvator Morelli, que malheureusement une mort prématurée a empêché de poursuivre son œuvre, et par M. Villa, qui avait aussi, en qualité de ministre de la Justice, présenté un projet qui fut l'objet d'un rapport à la Chambre.

Le cabinet actuel agit même avec moins de netteté que ses prédécesseurs, car, s'il propose l'établissement du divorce et de la recherche de la paternité, il introduit ces réformes par la petite porte — il est permis de le dire — en les noyant dans un ensemble de dispositions relatives à l'ordonnance de la famille.

Ce projet est détestable. Notre titre VI du Code civil est bien mauvais; mais il apparaît en comparaison comme une loi de liberté. Non seulement M. Zanardelli ne met pas le consentement mutuel parmi les causes de divorce; mais au moment où des esprits modérés, tels que M. Barthou et M. Poincaré, demandent l'abrogation de la disposition immorale et odieusement tyrannique de l'article 298 qui interdit à l'époux, contre lequel le divorce a été prononcé pour cause d'adultère, d'épouser son complice, le cabinet italien reproduit cet article et l'aggrave de sanctions draconiennes.

Tel qu'il est, cependant, il faut désirer que ce projet soit voté. Une fois le principe du divorce admis, les esprits s'éclairent, les mœurs s'habituent à cette nouveauté, terrifiante paraît-il au premier abord, et les catholiques finissent par s'apercevoir qu'ils ne sont pas plus violentés dans leur conscience qu'auparavant. Après avoir ainsi, par une loi détestable, franchi une première étape, on se trouve, quelques années après, en situation d'en doubler une nouvelle.

Mais, quelque restreint que soit le projet de M. Zanardelli, quelque timide, quelque contraire à ce que commanderait le sentiment de la liberté et de la dignité humaine, il faudra la haute et la légitime autorité dont jouit à Montecitorio le président du Conseil des ministres d'Italie, pour triompher des résistances qu'il rencontre à la Chambre et qui ont elles-mêmes leurs racines dans la crainte de l'électeur (1).

Ainsi donc, il est bien démontré que, malgré tous

(1) Voir à la page 301 : *A la dernière heure.*

les sophismes accumulés par des esprits prévenus, le divorce ne rencontre qu'un seul adversaire véritable sur son chemin, le catholicisme.

Cet adversaire, je pourrais, étant donné le but actuellement poursuivi, me dispenser de le réfuter. Il ne s'agit plus pour nous de rétablir le divorce : c'est fait heureusement. Depuis dix-huit ans, près de 16.000 personnes en profitent annuellement; et il est à ce point passé dans les mœurs que son plus irréconciliable ennemi, M. Louis Legrand, reconnaît l'impossibilité où il serait de l'abroger s'il était au pouvoir.

Les catholiques y recourent tous les jours. J'ai eu l'occasion d'en citer de nombreux exemples depuis 1884, au cours de ma polémique : tels celui de Mlle Singer et de M. Wilfried de Scey-Montbéliard, et celui de M. Gentien Thomas de Bosmelet et de Mlle Jeanne-Marie-Françoise Boisseaux, que je rappelle seuls ici, n'ayant aucun intérêt de doctrine à étendre indéfiniment le nombre de ces exemples. Dans les deux cas, les époux avaient commencé par faire annuler leur mariage religieux en cour de Rome; puis, libres au point de vue de leur foi, ils avaient demandé la liberté aux tribunaux civils et l'avaient obtenue. Sans le divorce, ils auraient été rivés par la loi civile à un lien que le chef suprême de leur religion avait déclaré inexistant, et c'est alors, semble-t-il, qu'ils auraient pu se plaindre légitimement d'avoir été atteints dans leurs sentiments les plus intimes et les plus chers.

C'est là l'un des arguments qui ont été vigoureusement invoqués au Parlement de Buenos-Aires par les partisans du divorce, depuis que le mariage civil a été rétabli dans la République Argentine.

En somme, pour Mlle Singer, quoiqu'elle soit profondément catholique, le divorce loin d'être une loi oppressive, s'est montrée une loi libérale et tutélaire, qui lui a permis de reconstituer son existence en bénéficiant de la faculté que lui accordait le droit canonique. Et de fait, le mariage civil n'engage pas la conscience des catholiques. Ils s'y soumettent par obéissance aux lois — et peut-être aussi parce qu'il leur serait difficile de faire autrement; — mais le lien qui en résulte ne présente aucune valeur à leurs yeux. Ce n'est pas la cérémonie civile qui, pour eux, constitue le mariage, c'est uniquement la cérémonie religieuse. Tant que la bénédiction nuptiale ne leur a pas été donnée, ils ne se considèrent pas comme mariés, et ils ont bien soin de manifester ces sentiments par l'importance différente qu'ils accordent à la cérémonie civile et à la cérémonie religieuse.

Que leur importe donc, n'ai-je jamais cessé de dire, si la loi tranche, dans certains cas, des nœuds dont ils ont toujours contesté la validité ? Le sacrement demeure inaccessible à la loi civile. Nul n'oblige les époux à contracter un nouveau mariage ; il leur suffit de s'en abstenir pour demeurer parfaitement en règle avec leur religion. Les prêtres, d'autre part, ne sont aucunement forcés de bénir les nouvelles unions de ceux dont le divorce a rompu les unions anciennes. Où donc est l'oppression ? Et pour qui ?

Mais à quoi bon répéter aujourd'hui toutes ces choses ? La loi de 1884 a décidément résolu la question. Elle a admis d'abord que dans un pays où le spirituel est distinct du temporel, les considérations spirituelles ne doivent peser d'aucun poids dans la législation. Elle a reconnu de plus que nul ne peut se dire opprimé par une loi dont il est facultatif d'user ou de ne pas user. Elle a enfin affirmé que ce qui serait oppressif, ce serait l'indissolubilité du mariage, qui, pour complaire aux fidèles d'un culte, violerait la liberté des ressortissants des autres cultes ou des libres-penseurs.

Et ce que la loi de 1884 avait proclamé, l'opinion publique, les mœurs l'ont consacré. Le procès est donc jugé.

Si le divorce violait la liberté de conscience, le titre VI du Code civil la violerait aussi bien que la loi de 1792; et puisque le titre VI du Code civil fonctionne, les catholiques n'ont plus rien à voir dans notre débat actuel.

Il y a même un fait à noter. En 1801, lorsque le pape Pie VII signa le Concordat avec le premier Consul, le Code civil n'existait pas encore et c'était la loi du 20 septembre 1792 qui était en vigueur. Cela n'empêcha pas le souverain pontife d'apposer sa signature au bas de l'instrument diplomatique, déplorable pour les libertés françaises, mais très profitable à l'Église, qui nous régit encore et dont nous continuons de subir les funestes effets.

La loi de 1792 n'était donc pas en opposition avec la liberté de conscience des catholiques. Si, en effet, elle l'avait été, on ne peut admettre que leur défenseur naturel, leur chef, eût passé si facilement condamnation sur ce point.

Il est vrai que, tout en acceptant le divorce en France, Pie VII protestait lorsque Bonaparte introduisait le Code civil en Italie. Inoffensive de ce côté des Alpes, cette institution devenait tyrannique de l'autre. C'est la contre-partie de ce qui s'est produit à partir de 1876, époque où le divorce a été présenté comme un fait de despotisme jacobin chez nous, tandis qu'on le tolérait parfaitement en Belgique.

C'est qu'en réalité l'Église a l'échine souple et cède lorsqu'elle se sent la plus faible. Mais comme le roseau de la fable, si elle plie elle ne rompt pas, et elle se redresse avec arrogance dès qu'elle est ou qu'elle se croit la plus forte. Ce n'est pas seulement à propos de l'indissolubilité du mariage qu'elle en a fourni la preuve, c'est aussi à propos du mariage civil.

En France, depuis plus d'un siècle, la matière des mariages a été retirée aux Églises diverses. La cérémonie civile est obligatoire et doit précéder la cérémonie religieuse. De plus, elle se suffit à elle-même. Dès que le maire a prononcé la formule sacramentelle « Je vous déclare unis par le mariage », le lien existe. Ne les a-t-il pas prononcés, les prétendus époux sont des concubins et leurs enfants sont bâtards, dix prêtres eussent-ils consacré leur union.

La loi ne reconnaît en France que des français. Elle ne se préoccupe pas de leurs croyances. Les juifs et les chrétiens ont le droit de se marier entre eux ; et, au grand avantage de la société intéressée à la fusion des races, ils usent déjà de cette faculté malgré l'abominable campagne de Drumont et de ses acolytes.

Et cependant aucun prélat français ne proteste, et l'évêque de Rome accepte avec empressement l'ambassadeur que la République accrédite auprès de lui.

Mais le mariage civil, si inoffensif pour les intérêts catholiques en France, devient tout à coup « un monstre fabuleux, dragon ou basilic », dès qu'il s'agit de l'introduire dans les contrées où il n'existe point encore.

Sans remonter aux violentes résistances auxquelles, bien avant la fondation de l'unité italienne, se heurta la monarchie piémontaise quand elle voulut décréter cette réforme dans le royaume de Sardaigne, nous pouvons trouver une preuve plus récente de cette attitude de l'Église romaine dans ce qui s'est passé en 1883 en Hongrie.

De quoi s'agissait-il là? De faire un pas timide vers le mariage civil, en permettant au pouvoir laïque d'unir au nom de la société, les juifs et les chrétiens dont l'autorité ecclésiastique se refusait à consacrer les mariages.

C'était bien peu de chose en comparaison de ce qui se passe chez nous.

Il ne s'agissait pas, comme ici, de rendre le mariage civil obligatoire pour tous, d'enlever à la consécration religieuse les effets civils qui en découlaient, de déposséder, en un mot, l'autorité ecclésiastique du droit de lier et de délier. Il s'agissait seulement de créer un mariage civil limité, pour donner la faculté de contracter une union légitime aux personnes de cultes différents qui, venues à la libre-pensée, voudraient passer outre aux inhibitions de l'Église.

On aurait pu croire, dans ces conditions, que le projet de M. Tisza ne rencontrerait aucune opposition. Que ç'eût été mal connaître les cléricaux ! Eux accepter sans lutte une conquête de l'esprit laïque sur l'autorité ecclésiastique ! Eux laisser la société s'acheminer par étapes vers la sécularisation absolue ! Eux permettre ainsi une menace non contre la foi des catholiques, mais contre la domination politique de l'Église ! Jamais !

Aussi ce fut un déchaînement au sein de l'épiscopat hongrois. La Chambre des Magnats, qui d'habitude réunit à peine une soixantaine de votants, en réunit dans cette circonstance deux cent douze, et le projet fut repoussé à une majorité de six voix.

Voilà l'explication de la campagne qu'a menée l'Église de France contre le divorce en 1884, et qu'elle va, il n'en faut pas douter, reprendre aujourd'hui contre le projet des frères Paul et Victor Margueritte. Elle s'élève contre tout ce qui fait avancer les sociétés humaines dans la voie de la laïcité ; et, comme l'extension du divorce réalise un progrès de cet ordre, il ne faut pas s'étonner de la voir employer toute son énergie et toutes ses ressources à s'y opposer.

En 1892, M. l'abbé A. Boudinhon, professeur à l'Institut catholique de Paris, ayant publié dans la Revue de Lyon l'*Université catholique* un fort intéressant article sur les procès en nullité de mariages religieux, je pris la liberté de lui écrire une longue lettre.

Je commençais d'abord par lui faire remarquer que les ressortissants des cultes non catholiques, tout comme ceux qui ne ressortissent d'aucun culte, seraient lésés dans leur liberté si, leur foi ou leurs convictions philosophiques leur permettant l'usage du divorce, la loi le leur interdisait par des motifs uniquement tirés d'un enseignement religieux qui n'est pas le leur. J'appelais son attention sur ce qu'aurait d'inique une telle interdiction pour de tels motifs dans notre société moderne sécularisée.

Je continuais par l'argumentation que j'ai reproduite dans ce chapitre, en posant à mon correspondant la question que j'avais déjà posée mille fois sans obtenir de réponse : « Comment un catholique peut-il se prétendre opprimé dans sa foi, parce que la loi permet de rescinder un contrat civil dont lui, catholique, ne reconnaît pas la validité? » Et je poursuivais :

Je comprends un catholique persistant, malgré l'impossibilité absolue du succès, à protester contre le mariage civil ; mais je ne le comprends pas se pliant au mariage civil et se disant outragé par le divorce.

J'ajoute que, puisqu'il y a des cas de nullité canonique du mariage qui ne sont pas des cas d'annulation aux yeux de la loi civile, il est des circonstances — et j'en ai cité de nombreux exemples — où un catholique a un grand intérêt à ce que le mariage civil — puisqu'il existe — soit tempéré par le divorce civil : sans cela il pourrait demeurer lié par la loi civile, alors qu'il serait — je n'ose pas dire délié — par la loi religieuse ; mais qu'il serait établi par elle qu'il n'a jamais été lié.

Me résumant enfin, je lui demandais donc, comme à tous les catholiques, de jeter loyalement le masque, et de faire franchement porter désormais ses attaques non plus sur l'institution du divorce, mais sur le mariage civil lui-même.

Jusque-là personne n'avait essayé de me réfuter. On s'était borné à répéter sans cesse la même affirmation, comme si les arguments précédents n'avaient jamais été présentés.

Ce que nul n'avait encore fait, M. l'abbé Boudinhon, avec une loyauté que je dois reconnaître, s'est efforcé de le faire. Aussi crois-je devoir reproduire sa lettre. C'est la seule tentative sérieuse de réfutation, par un esprit catholique, de l'argumentation des partisans du divorce à l'égard de la religion. Elle devient par là un document et mérite le grand jour de la publicité. La voici *in extenso* :

Paris, 94, boulevard Raspail, 29 mars 1892.

Monsieur,

J'étais bien loin de m'attendre à recevoir de vous une lettre aussi intéressante à propos de l'article que j'ai récemment publié sur « les procès en nullité de mariage religieux » dans l'*Université catholique* de Lyon. A vrai dire, la question du divorce n'y était pas traitée directement ; je n'avais à en parler que dans ses rapports avec les questions de nullités de mariage ecclésiastique et les procès auxquels ces nullités donnent lieu. Sans doute je ne pouvais guère m'abstenir de parler du mariage civil et, à ce propos, du divorce. Je l'ai fait en toute sincérité, disant ce que je crois comme catholique et comme canoniste.

C'est sur ce terrain du mariage civil et du divorce que m'entraîne votre lettre : je vous donnerai tantôt toute ma pensée. Auparavant, je crois devoir dire quelques mots des nullités.

L'article que vous me faites l'honneur d'appeler intéressant et consciencieux a d'abord été donné sous forme de conférence ; c'est un article de vulgarisation. J'ai voulu éclairer l'opinion des catholiques et rectifier des appréciations fort inexactes et trop répandues ; elles proviennent parfois de l'ignorance, parfois aussi de la mauvaise foi. J'ai voulu prouver que l'Eglise n'admettait pas le divorce ; que les causes de nullité n'avaient pas le caractère des causes de divorce ; qu'elles supposaient que la nullité remontait au moment même du mariage, tout comme dans notre droit civil, quoique les empêchements dirimants ecclésiastiques soient plus nombreux. J'ai voulu éclairer mes auditeurs (et mes lecteurs) sur la procédure spéciale à ces sortes de causes et réfuter des opinions trop répandues sur cette question des nullités (et des dispenses de mariage non consommé). Je ne relève dans votre lettre que deux appréciations. L'une est relative à l'utilité du divorce pour les catholiques qui peuvent ainsi se prévaloir des motifs de nullité et de la sentence obtenue, alors que cela leur était impossible avant la loi de 1884 ; j'y reviendrai à propos du divorce. L'autre est relative à certaines causes qui, sous couleur de nullité, seraient de vraies sentences de divorce. Sur ce dernier point je me permets de vous opposer la dénégation la plus formelle. J'oserai ajouter que j'y suis plus autorisé que beaucoup d'autres.

Pendant quatre ans j'ai étudié à Rome, à la Congrégation du Concile, les causes ecclésiastiques déférées à ce tribunal ; depuis six ans, je remplis auprès de l'officialité de Paris les fonctions de défenseur du mariage dans toutes les causes qui y sont incrites ou jugées. Il y a donc pour moi une obligation stricte, corroborée encore par un serment, de m'opposer de toutes mes forces à toute sentence de nullité qui ne serait pas absolument fondée ; c'est-à-dire toutes les fois qu'il peut rester dans l'esprit du juge un doute fondé en faveur de la validité. Je puis vous assurer, en conscience, que jamais je n'ai pu constater, ni ici, ni dans les causes que j'ai étudiées à Rome, le fait que vous signalez « que des juges bien disposés peuvent facilement prononcer des nullités qui seraient de vrais divorces ». Je pourrais vous citer de nombreuses causes qui, après une sentence défavorable portée ici, sur des plaidoyers faits par moi d'office, ont été abandonnées ; je pourrais ajouter que les causes pour lesquelles j'avais fait appel à Rome, non pour la forme, mais par suite de conviction motivée, n'ont jamais été terminées par une sentence de nullité (1) ; l'une d'entre elles, pour laquelle j'étais hésitant, a été tranchée en ma faveur, si je puis parler ainsi, et la sentence de nullité portée ici annulée à Rome. Quant à l'article de l'*Eclair* auquel vous faites allusion, il m'a été signalé, mais je ne l'ai pas lu. Je puis vous dire toutefois que le mariage dont il y est question, celui de M. de Scey-Montbéliard avec Mlle Singer, ne pouvait prêter à discussion. Un motif de nullité avait été allégué subsidiairement, mais il n'a pas servi de base au procès, et l'affaire s'est réduite à une dispense de mariage non consommé. Dans ces sortes d'affaires, il est facile de le voir, la responsabilité du juge ecclésiastique est bien restreinte et précise : la question repose tout entière sur les certificats et expertises des médecins. Quand les médecins les plus autorisés viennent déclarer, sous la foi du serment, que l'examen fait par eux en vertu d'une Commission judiciaire leur a laissé la certitude morale que le mariage n'a pas été consommé, le juge ecclésiastique n'a, pour ainsi dire, rien à faire : son rôle se borne à une déclaration de fait. Dans l'affaire de Scey-Singer, tel a été le cas, et il n'est

(1) M. l'abbé Boudinhon, à propos de cette partie de sa lettre, m'a adressé, à la date du 12 avril 1892, les quelques explications complémentaires suivantes :

..... Je vous disais, à propos des affaires que j'ai eu le devoir de traiter devant l'officialité de Paris, qu'aucune des causes de nullité où j'avais fait appel par conscience et par conviction et non seulement pour la forme, n'avait été terminée par une sentence de nullité. J'ai voulu dire : « Toutes les causes où j'ai défendu la validité du mariage par conviction ». Car le défen-

pas possible de faire figurer cette cause au nombre de celles qui ne seraient qu'une sentence déguisée de divorce.

Elargissons maintenant, si vous le voulez bien, la question, et permettez que je vous suive sur le terrain que vous avez vous-même désigné, le mariage civil et le divorce. Il y a bien des chances pour que nous ne puissions entièrement tomber d'accord; il est cependant des points où votre opinion et la mienne pourront se rencontrer.

J'ai dit assez expressément ce que les catholiques, conformément à l'enseignement de l'Eglise, devaient penser du mariage civil. Le point fondamental de toute discussion sur ce sujet est le caractère sacré et sacramentel du mariage. Ce point, je sais que vous ne l'admettez pas, et je n'entreprendrai pas de le démontrer ici. Je ne pourrais que répéter les arguments ou même les paroles de l'encyclique *Arcanum* sur le mariage. Mais vous conviendrez vous même sans difficulté, que, si ce point fondamental est admis, il en découle immédiatement que le mariage, dans ce qu'il a d'essentiel, doit appartenir exclusivement à l'autorité religieuse. Je dis à dessein : dans ce qu'il a d'essentiel, car je fais les plus expresses réserves sur les conséquences civiles du mariage, conséquences qui ressortissent exclusivement à l'Etat, sous la seule réserve que celui-ci les accorde à tous les vrais mariages, et ne les accorde qu'à ceux-là, quand il s'agit de mariages de catholiques. Pour cela je reconnais, sans hésitation aucune, que l'Etat doit avoir une connaissance officielle des mariages, peu

seur du mariage est obligé de faire appel après toute sentence de nullité, qu'il soit convaincu ou non de la valeur du lien. Au contraire, il ne doit pas faire appel, si la sentence a débouté le demandeur.

importe d'ailleurs de quelle manière elle aura lieu. Je vais plus loin et je reconnais que l'Etat doit, non pas en théorie, mais en pratique, étant donnée la composition de nos sociétés modernes, pourvoir à ce que l'union de ceux qui ne veulent pas lui donner un caractère religieux soit cependant reconnue et jouisse des effets légaux du mariage. C'est ce que l'Eglise elle-même a admis par le récent concordat espagnol.

Me bornant maintenant aux seuls catholiques, je reconnais que l'Etat ne peut ni ne doit ignorer leur mariage ; bien plus, qu'ils doivent eux-mêmes, en conscience, faire ce qui sera requis (que je suppose d'ailleurs n'être pas mauvais en soi), pour procurer à leur union les effets civils légitimes, c'est-à-dire chez nous, faire le mariage civil. Je ne dis pas que cette conduite pratique des catholiques légitimera toujours à leurs yeux et aux yeux de l'Eglise les moyens d'arriver à cette fin ; il s'agit d'une simple nécessité pratique, d'un moyen à employer, faute d'un autre. Le moyen est mauvais ; un autre serait meilleur ; mais comme les catholiques n'en ont pas d'autre à leur disposition ils s'y résignent. Je dis que le moyen est mauvais : ce que je lui reproche c'est de dédoubler le mariage, c'est de le séculariser de force et pour tous ; ce n'est pas de requérir et d'imposer une intervention de l'Etat. Cette intervention existe, dans une certaine mesure, en Angleterre et en Espagne : elle n'est pas à blâmer, tout au contraire. Là même, je crois pouvoir le dire, est la seule solution pratique ; tous les autres moyens proposés pour faire cesser le conflit entre les législations civile et ecclésiastique ne sont que des palliatifs sans valeur. Il faut qu'une seule et même manifestation de consentement matrimonial soit suffisante pour que les conjoints soient regardés comme légitimement mariés devant les deux autorités, civile et religieuse. Le moyen importe peu ;

je préfère celui qui est en vigueur en Espagne ; j'en admettrais aussi bien un autre qui aurait le même effet. Cela supposerait un Concordat entre le Saint-Siège et les nations où se trouvent des catholiques ; cela supposerait du moins une législation soucieuse d'écarter les difficultés de conscience.

Voilà dans quelle mesure il me semble qu'on devrait demander des modifications au mariage civil. C'est dans cette mesure, en effet, et dans cette mesure seulement, qu'il est contraire à la législation et au dogme de l'Eglise, et, par suite, à la conscience des catholiques. C'est parce qu'il établit un contrat en dehors et à côté de celui qu'ils regardent comme le seul valable ; parce qu'il dédouble, si je puis ainsi dire, le mariage, qui ne peut être qu'un ; parce qu'il peut arriver, et ici je touche à la question du divorce, à séparer la légalité et les obligations matrimoniales, les faisant exister de par la loi alors qu'elles n'existent pas en conscience ; ou les supprimant de par la loi, alors qu'elles existent toujours aux yeux de l'Eglise et pour la conscience des catholiques.

Ce dernier résultat fâcheux est surtout atteint par la loi du divorce ; il l'est même très fréquemment, et voilà pourquoi les catholiques sont plus opposés au divorce qu'au mariage civil.

Je ne fais aucune difficulté de reconnaître que si le mariage civil existait seul, il n'y aurait aucun inconvénient légal à l'établissement du divorce. On pourrait et on devrait étudier s'il vaut mieux permettre ou défendre le divorce, même dans ce cas ; je crois, pour ma part, qu'il vaudrait mieux le défendre ; mais je passe là-dessus. Mais il y a un autre mariage, un autre lien, le seul même, aux yeux des catholiques, qui soit valable devant les deux sociétés, le mariage religieux. Lorsque les mêmes personnes sont liées devant les deux autorités, lorsqu'elles ont célébré leur mariage et à la Mairie et à l'Eglise, le dédoublement imposé par la loi civile n'est pas bon, mais ses inconvénients sont réduits à leur minimum. Les deux liens, si je puis parler ainsi, ce qui n'est pas exact pour les catholiques, les deux liens sont superposés, leurs effets sont unis, et les époux jouissent des droits légitimes du mariage devant l'une et l'autre société. La situation est la même que si le mariage avait été contracté devant une seule autorité et reconnu par l'autre, ou, si vous préférez, devant les deux d'accord. Mais supposez maintenant une sentence de divorce ; les inconvénients du dédoublement reparaisssent, et très graves ; *j'entends surtout si les conjoints contractent une seconde union civile* (1). Les divorcés devront en effet, s'ils se regardent encore comme catholiques, croire que leur mariage n'a pas cessé d'être valable en conscience ; d'autre part ce mariage n'aura plus aucune efficacité légale aux yeux de la loi civile ; bien plus, les effets en seront transportés à une autre union que la conscience catholique réprouve. De là ces situations de conscience très pénibles, parfois inextricables, et qui compromettent, vous me permettrez de parler en prêtre, les âmes et leur salut éternel. Et vous voudriez que les catholiques et l'Eglise ne protestent pas contre une loi qui donne quotidiennement naissance à de tels inconvénients, à de si déplorables conséquences ! Je veux bien avouer que le principe du divorce civil est contenu dans l'institution même du mariage civil ; c'est à ce dernier que logiquement, je le reconnais, les catholiques devraient s'attaquer s'ils voulaient engager la lutte sur

(1) C'est moi qui souligne cette phrase pour appeler sur elle l'attention. Ce n'est pas l'auteur de la lettre. Un scrupule d'absolue exactitude m'oblige à cette déclaration qui peut paraître oiseuse.

tout le terrain où ils ont des revendications à formuler. Cependant de ce que je viens de dire sur la mesure dans laquelle une intervention de l'Etat est utile et remplie de fait, quoique avec excès, par le mariage civil, comme aussi de ce que j'ai dit des inconvénients du divorce, il résulte que l'opposition des catholiques pouvait utilement être restreinte à la seule loi du divorce, les inconvénients de cette dernière loi étant en pratique bien autrement graves que ceux qui résultent du mariage civil. De plus, il y avait plus de chance d'empêcher l'introduction d'une mesure nouvelle que d'en faire abroger une ancienne, qu'il aurait fallu immédiatement remplacer par une autre difficile à déterminer.

Adversaire déclaré du divorce et de la loi qui l'introduit dans la législation française, je me fais cependant un devoir de reconnaître que dans certains cas très rares, elle a eu indirectement quelques effets utiles, à savoir pour les catholiques dont le mariage a été l'objet d'une sentence de nullité ou de dispense, au sens expliqué dans mon article. Mais c'est qu'alors je retrouve cet accord des deux législations que j'ai remarqué ci-dessus, quoique en sens inverse; les époux chrétiens pouvant se regarder comme libres après une sentence de nullité, il leur sera utile de faire supprimer les effets civils d'un mariage qui n'a jamais existé. C'est même cette idée qui m'a fourni mon entrée en matière, car les procès en nullité de mariage religieux sont devenus plus nombreux depuis la loi de 1884. Mais c'est un bien mince avantage qui ne saurait compenser tous les maux qu'entraîne avec elle la loi du divorce.

Si je faisais abstraction des catholiques, je ne verrais aucun inconvénient à laisser subsister le divorce pour ceux dont la religion ou la conscience ne le repousse pas. Mais je ne voudrais pas le voir accordé à ceux qui se sont mariés devant le ministre d'un culte qui ne l'admet pas. S'il suffisait de faire des projets de loi pour les réaliser, et qu'il fût en mon pouvoir de remédier à la situation difficile créée aux catholiques par la loi du divorce, je me garderais bien de supprimer le divorce civil : mais de même que je ferais dépendre la validité du mariage d'un seul échange de consentement des époux, valable à la fois pour les deux autorités, de même je prendrais soin que les deux autorités fussent d'accord pour prononcer le divorce. L'autorité civile le prononcerait seule pour ceux qui n'auraient contracté que le seul mariage civil (ceux qui n'auraient voulu d'aucun culte) ; il aurait lieu pour les autres, à la suite d'une déclaration compétente de l'autorité religieuse dont ils auraient accepté la législation matrimoniale en contractant devant elle. Ce système ne serait-il pas plus apte à sauvegarder tous les droits sans léser aucune liberté ? Qui pourrait s'en plaindre ?

Mais pour cela il faudrait que l'Etat fût décidé à reconnaître quelque autorité à l'Eglise en matière de mariage, tandis que la base de notre système civil est précisément de ne lui en reconnaître aucune et de s'adjuger, en matière de mariage, la part du lion, c'est-à-dire tout. Les cérémonies religieuses peuvent être surajoutées ou ne pas l'être, au gré des époux, sans qu'il en résulte aucun changement dans leur état et dans leurs droits aux yeux de la loi. Nous serions ainsi ramenés à notre point de départ, la discussion des droits de la société religieuse sur le mariage.

Je me suis fait un devoir, Monsieur, de vous dire ma pensée tout entière, loyalement et sans restriction, espérant que si vous ne l'admettez pas, vous reconnaîtrez du moins la franchise que j'ai apportée dans cette discussion. J'ose espérer qu'elle ne vous aura pas apporté trop d'ennui. Les duellistes qui se tournent le dos ne peuvent pas facilement croiser le fer, et je n'ai pas l'intention de le croiser avec vous ; il me semble pourtant avoir indiqué sur quel terrain vos affirmations sont en opposition directe avec les miennes, ou plutôt avec l'enseignement de l'Eglise ; sur quel autre on pourrait, avec de la bonne volonté de part et d'autre, se mettre d'accord.

Veuillez agréer, Monsieur, l'expression de ma considération très distinguée.

A. Boudinhon.

Malgré le nombre de pages qu'elle occupe, je pense que cette citation ne paraîtra pas d'une longueur excessive. Elle présente, en effet, une importance capitale, tant par la loyauté de son auteur que par la haute situation qu'il occupe, et qui donne un incontestable caractère d'autorité à ses déclarations. C'est d'ailleurs la première fois, depuis que la question du divorce est posée, que l'Église développe ses objections d'une manière précise. La lettre de M. l'abbé Boudinhon constituerait donc un excellent terrain de controverse, si la controverse, entre gens de bonne foi partant de principes diamétralement opposés, pouvait aboutir à autre chose qu'à spécifier les points par où se différencient les théories en conflit.

Je ne me serais pas permis une analyse de la lettre de mon honorable correspondant sans mettre le public à même d'en juger le texte ; mais à présent que les lecteurs ont sous les yeux toutes les pièces du procès, je crois pouvoir résumer en quelques mots la doctrine de l'Église telle que l'expose mon contradicteur, afin d'en rendre la discussion plus claire en la condensant.

L'Église ne répudie pas l'intervention de l'État dans le mariage. Mais l'État — en ce qui concerne les ressortissants de l'Église — n'intervient ici que pour donner des effets civils aux décisions ecclésiastiques. C'est le bras séculier mis à la disposition de l'autorité religieuse et rien de plus.

Le mariage devrait se borner à la seule formalité religieuse comportant des effets civils, et le divorce à une levée d'écrou, si l'on veut me permettre cette expression, par laquelle l'autorité séculière mettrait en liberté les époux préalablement libérés par l'annulation de leur mariage ou la dispense de mariage non consommé.

Ces conditions seraient obligatoires pour quiconque aurait contracté un mariage religieux. Le mariage civil et le divorce purement civil subsisteraient pour les seuls époux qui n'auraient demandé au ministre d'aucun culte de consacrer leur union.

M. Boudinhon reconnaît d'ailleurs de bonne grâce que « le principe du divorce civil est contenu dans l'institution même du mariage civil », et que « c'est à ce dernier que, logiquement, les catholiques devraient s'attaquer s'ils voulaient engager la lutte sur tout le terrain où ils ont des revendications à formuler » (1).

Seulement, poursuivre l'abrogation du mariage civil aurait été une grosse entreprise dont l'échec eût été certain, tandis qu'on pouvait se flatter de l'espoir d'arrêter au passage une disposition nouvelle qui le renforce et le complète. C'est là ce qui explique l'ardeur qu'a apportée l'Église à la lutte contre le divorce, alors qu'elle jugeait prudent de se taire sur l'institution mère dont il découle.

Elle considère d'ailleurs le divorce comme plus nocif que le mariage civil.

Certes! elle tient pour mauvais qu'il faille aux catholiques pour se marier deux célébrations distinctes et indépendantes.

Mais ce mal, presque négligeable lorsque les législations auxquelles ces deux célébrations correspondent sont d'accord, devient au contraire très grave à ses yeux quand elles cessent de l'être.

Or, elle ne trouve que peu de divergences entre la loi civile et la loi religieuse dans les règles qui président à la formation des unions conjugales, et elle en trouve de considérables dans celles qui concernent leurs ruptures.

(1) Page 184 ci-dessus, 26e ligne.

Avant 1884, les causes de dissolution admises par la loi civile étaient inférieures en nombre à celles qu'admet le droit canonique. Il arrivait ainsi que des croyants demeuraient rivés à une union que Rome déclarait inexistante et que leur conscience réprouvait. C'était certainement un inconvénient regrettable ; et, à ce point de vue M. Boudinhon nous fait cette concession... « que, dans quelques cas très rares, elle (la loi du divorce), a eu indirectement quelques effets utiles » (1).

Depuis 1884, la situation s'est trouvée renversée. Les causes de dissolution admises par le Code dépassent de beaucoup celles qui sont inscrites dans la loi religieuse. Les désaccords entre les deux législations sont devenus beaucoup plus fréquents qu'auparavant. Le mal s'est accru d'autant ; et il n'y a rien d'étonnant à ce que les catholiques fassent porter tout leur effort contre la loi nouvelle. Obligés par le malheur des temps d'opter entre deux maux, ils choisissent le moindre.

Telles sont les raisons invoquées par l'honorable défenseur du mariage près l'officialité de Paris, et je me verrais obligé de me ranger à son avis si les faits étaient tels qu'il les décrit dans sa lettre.

(1) Page 185 ci-dessus, 15e ligne.

Il est malheureusement pour sa dialectique un point qu'il oublie :

L'époux libéré par Rome, dont la loi civile maintient l'union, subit une contrainte évidente.

Il n'en est pas de même de celui dont le Code rompt le mariage que l'autorité ecclésiastique juge valable. Le divorce, en effet, est facultatif et personne ne le force d'y recourir.

Si la controverse avait continué entre nous, M. Boudinhon m'aurait répondu peut-être que l'un des époux subit souvent un divorce provoqué par l'autre, et que, dans cette circonstance, celui des deux qui est demeuré chrétien est violenté dans sa conscience par celui qui a cessé de l'être.

Pour que cette argumentation fût recevable, il faudrait qu'on fût responsable des fautes d'autrui. Or — sauf cependant en ce qui a trait au péché originel — la religion chrétienne admet le contraire. Il est, dès lors, assez malaisé de voir comment une femme serait compromise dans son salut parce que son mari divorcerait malgré elle. Est-ce qu'elle pèche lorsque son mari mange de la viande le vendredi, blasphème ou se livre à l'adultère ? En quoi cet adultère, pour prendre la forme du divorce et être couvert par la loi civile, changerait-il de caractère, et pourquoi exercerait-il sur l'époux abandonné des effets de conscience qu'il n'aurait pas eus s'il s'était produit en dehors de toute action légale? L'époux catholique n'a qu'à ne pas se remarier pour que le divorce vaille ce que vaudrait une simple séparation de corps. S'il se remarie les choses changent; mais c'est de son plein gré qu'il le fait, et je ne sache pas qu'on puisse se considérer comme opprimé lorsqu'on n'obéit à aucune autre volonté qu'à la sienne propre.

D'ailleurs, d'après le Concordat autrichien, lorsque, dans les mariages mixtes entre protestants et catholiques, l'union vient à se rompre, la rupture est complète pour l'époux protestant qui peut se remarier, et elle ne vaut que comme séparation de corps et de biens pour l'époux catholique auquel de nouvelles noces sont interdites. Le Saint Siège n'a-t-il pas par là implicitement reconnu que le divorce de l'un des conjoints n'entraîne pour l'autre, quand ce dernier n'y a pas coopéré, aucun dommage de conscience?

Et n'est-ce pas aussi ce que reconnaît M. Boudinhon quand il propose de mettre un terme au conflit des législations en livrant, comme en Autriche, au point de vue du mariage, les ressortissants de chaque culte à l'Église à laquelle ils appartiennent, et lorsque ensuite il pose la question: « Qui aurait à se plaindre? »

Qui? mais justement les personnes nées et élevées dans le catholicisme.

Quoi! jeune encore, n'ayant jamais réfléchi à ces graves questions, je me marie religieusement.

Plus tard, j'étudie, j'apprends, je médite ; et, à tort ou à raison, j'en arrive à me détacher de mes premières croyances. Je deviens libre-penseur ; et j'admets le divorce qu'en qualité de catholique je repoussais auparavant.

Vais-je être à jamais rivé à ma chaîne malgré mes convictions actuelles?

De ce que, presque enfant, j'avais accepté sans examen les dogmes tout faits que m'avait servis le prêtre, dois-je à jamais renoncer à l'espoir de recouvrer ma liberté?

Et j'ai supposé jusqu'ici que j'étais religieux au moment de mes noces.

Mais combien de personnes vraiment pieuses, parmi celles qui vont demander au ministre du culte de consacrer leur union? Combien qui connaissent les dogmes et y croient sincèrement, aveuglément? Combien qui soient capables de subir une union malheureuse avec résignation, par cet unique motif que la religion leur en fait un devoir?

En réalité, dans la plupart des cas, le mariage

religieux est affaire de *bon ton*. La jeune fille y tient, les parents l'exigent ; et, comme on ne songe guère au divorce au moment où l'on se marie, le fiancé s'y soumet.

Et parce qu'il aura commis cette imprudence, ce fiancé devenu époux serait victime d'une loi oppressive, draconienne, que ne subiraient ni les fidèles d'un autre culte, ni les adhérents de la libre-pensée!

Que M. l'abbé y réfléchisse ! et, avec la franchise à laquelle je me suis déjà fait un devoir de rendre hommage, il confessera qu'une telle conclusion est inadmissible.

Tant qu'on croit aux dogmes du catholicisme, on est catholique. Dès qu'on a cessé d'y croire, on n'appartient plus à cette religion, et la société ne pourrait sans abus contraindre un de ses membres à respecter les préceptes d'un culte que dans son for intérieur il n'accepte plus. La nationalité elle-même n'est pas inaliénable. L'homme est libre d'en changer. On en voit qui abandonnent leur patrie, et en adoptent une autre pour bénéficier de lois plus larges et plus humaines. Nous en avons eu un haut exemple, lorsque M. l'ambassadeur d'Italie, Menabrea, a demandé la naturalisation française. Et la religion, qui est affaire de conviction intime, serait à ce point indélébile, qu'une fois engagé soit par le baptême, soit par le sacrement du mariage, on ne pourrait plus en sortir !

Au fond, ce que mon contradicteur ne dit pas, ce qu'il ne s'avoue peut-être pas à lui-même, c'est qu'il recherche l'appui du bras séculier contre les consciences, pour s'opposer par la force à la diminution de la foi.

Celui dont la foi est faible — je pourrais dire nulle — peut être entraîné, par un mauvais mariage et le désir de le rescinder, à rompre totalement avec elle. Indifférent, il élevait ses enfants dans le giron de l'Eglise; devenu hostile, il les élèvera dans la libre-pensée ou dans un culte dissident. Le nombre des croyants ira ainsi en diminuant de jour en jour. C'est ce que l'autorité ecclésiastique ne veut pas. Elle entend que le pouvoir civil lui prête main-forte pour maintenir les âmes dans l'obédience catholique. Je choquerai peut-être mes adversaires, en leur disant qu'il y a là un sentiment analogue à celui qui a inspiré autrefois tous les crimes de l'Inquisition. C'est toujours, quoique par des moyens adoucis, plus conformes aux mœurs actuelles, la foi imposée autoritairement que l'Eglise poursuit par tous les moyens.

Sur ce point, il est bien certain que je ne

convaincrais pas les catholiques; aussi n'essaierai-je pas de le faire.

Mais nous sommes placés depuis cent treize ans sur un terrain tout opposé. Pour nous, la foi est affaire de conscience. La loi n'a pas à en connaître. Elle ne doit chercher, ni à y porter atteinte là où elle existe, ni à en maintenir les apparences là où elle n'existe plus.

Depuis 1789, et pour toutes les nations qui se régissent d'après les principes promulgués à cette grande époque, la religion a cessé d'être, suivant une expression de Littré, contraignante par le dehors, elle n'est plus contraignante que par le dedans.

C'est pourquoi le législateur n'a pas à se préoccuper de ce que pensent les catholiques, les juifs, les luthériens ou les calvinistes, mais seulement de ce qu'il juge bon pour les citoyens français. Si le divorce lui paraît une institution utile, morale, logiquement enchaînée au mariage civil, il a le droit de l'édicter sans que les fidèles d'aucun culte aient rien à réclamer de lui.

Les époux sont-ils catholiques au moment du mariage? ils feront bénir leur union par le ministre de leur culte. Le demeurent-ils tous deux, ils ne recourront jamais au divorce dont la loi elle-même, en maintenant la séparation de corps et de biens, leur a laissé le moyen de se passer. S'il n'en reste qu'un seul attaché à sa foi et si l'autre divorce, le premier en sera quitte pour ne pas contracter de nouvelle union.

En aucun cas, aucune liberté ne sera violée. Mais, je le reconnais, le droit public aura fait un pas de plus vers cette séparation du spirituel et du temporel qui est la vérité contemporaine, la condition essentielle de tout progrès, et dont, chez nous, la dénonciation du concordat et la suppression du budget des cultes seront la consécration finale.

Que les catholiques fassent porter leurs efforts contre cette laïcisation de la société, je le conçois. Mais qu'ils l'avouent franchement ! Les législateurs verront alors comment ils devront comprendre leur devoir.

Si les de Mun et consorts arrivent à conquérir la majorité du pays, si les mœurs évoluent dans le sens de leurs idées, si en un mot les adversaires de la Révolution l'emportent, ils gouverneront en conformité de leurs principes et nous imposeront la subordination du pouvoir civil au pouvoir religieux.

Mais si, au contraire, les sociétés modernes continuent de se développer dans la voie que, même au milieu des pires réactions, elles n'ont pas cessé de suivre depuis 1789, les catholiques seront bien obligés de prendre leur parti de la sécularisation. Qu'ils ne cherchent plus alors que dans la conscience des fidèles l'appui qu'ils demanderaient en vain à l'autorité pour la défense de leur foi.

Donc, en matière de divorce particulièrement, et aussi longtemps que nous n'aurons pas rétrogradé au-delà de la Révolution, nous n'avons pas à nous préoccuper des doléances cléricales. M. Boudinhon reconnaît que « logiquement, c'est au mariage civil que les catholiques devraient s'attaquer », que « l'institution du divorce est contenue dans celle du mariage civil ». Comme jusqu'à ce jour au moins la France n'a manifesté aucune velléité de renoncer au mariage civil, cet aveu me paraît suffire à trancher la question.

Passant de la doctrine aux faits, M. l'abbé Boudinhon affirme que jamais l'Eglise n'a prononcé de divorces en les masquant sous les noms de *nullités* ou de *dispenses pour mariages non consommés*. Dans ces derniers cas, elle ne ferait même qu'enregistrer les déclarations des médecins.

Je le veux bien. Mais s'il est parfois possible au médecin de contrôler les affirmations des époux, lorsque la mariée était une jeune fille dont la virginité est demeurée intacte, il est des circonstances où la vérité se dévoile moins facilement aux hommes de l'art. Comment arriveront-ils à la mettre en lumière si l'épouse est une veuve, si c'est une femme précédemment mariée et dont le mariage aura été annulé pour d'autres causes, ou si, avant son mariage elle a, pour parler le langage des sacristies, enfreint le sixième commandement? M. Alexandre Dumas le demandait à l'abbé Vidieu, dans le passage que j'ai reproduit plus haut. A mon tour, je pose la même question à M. l'abbé Boudinhon.

En réalité, l'Eglise devra se borner à enregistrer les déclarations des intéressés, sauf à ceux-ci, s'ils l'ont trompée, *à répondre de leurs mensonges après la mort, devant le tribunal de Dieu.*

Or, si elle juge suffisante la déclaration des intéressés, elle établit en fait le divorce par consentement mutuel ; et si elle s'en tient aux affirmations d'un seul d'entre eux, elle arrive au divorce par volonté unilatérale.

Je sais bien — Proudhon l'a depuis longtemps proclamé — que la Révolution française a élevé à une telle hauteur le niveau de la morale, que l'Eglise elle-même en a bénéficié.

De nos jours, on se sent épié par les yeux d'Argus de la presse ; on est dénoncé à la moindre occasion dans les tribunes des parlements;

aucun fait ne peut plus demeurer caché, quelque soin qu'on mette à en empêcher la divulgation, et dès lors on se surveille avec plus de soin.

Il se peut donc que la Sacrée Congrégation à laquelle est dévolue en dernier ressort, à Rome, la compétence en la matière des nullités de mariage, soit devenue sévère dans ses jugements, alors surtout qu'il s'agit de personnages assez importants pour que le procès ait quelque retentissement. En prononçant des divorces masqués, elle craint d'établir un précédent en faveur de l'introduction du divorce dans la loi civile, dont elle ne veut à aucun prix. C'est ainsi qu'en ce moment, il semble qu'elle se refuse à annuler le mariage de la princesse de Saxe. Une telle annulation pourrait entraîner le vote de la loi Zanardelli par le parlement italien.

Pour se faire une opinion exacte sur la pensée réelle de l'Église, il faut se reporter aux époques où elle agissait sans crainte d'aucune sorte.

M. le vicomte G. d'Avenel, vient de nous fournir à cet égard le résultat de ses recherches qui sont précieuses (1).

M. le vicomte d'Avenel est un historien très scrupuleux. De plus, je doute, quoique je ne

(1) G. d'Avenel, *La Noblesse française sous Richelieu*. — Armand Colin, éditeur.

connaisse pas le fond de ses sentiments politiques, qu'il soit partisan du divorce. Ses constatations vont donc très-probablement contre ses convictions ; et si un auteur consciencieux est toujours digne de foi, il mérite une créance encore plus grande lorsque, par amour de la vérité, il va jusqu'à fournir des arguments à ses adversaires.

Dans un chapitre intitulé *Les mariages et la filiation*, M. le vicomte d'Avenel étudie les mariages nobiliaires au XVIIe siècle.

Sous Louis XIII, le mariage dans l'aristocratie lui apparaît comme ayant été non pas « la fusion de deux êtres, mais l'alliance de deux maisons. » De là, l'action prépondérante des parents sur les unions à conclure.

La puberté légale est fixée à quatorze ans pour les hommes, à douze ans pour les filles, et les exemples sont fréquents de jeunes filles mariées à douze ans.

On fiance même les futurs époux à partir de sept ans ; et il suffit que les fiancés *aient seulement habité ensemble* pour que le mariage soit valable.

Si l'on songe, dit l'auteur, que l'enfant fiancé à sept ans devait se déclarer à douze ou quatorze d'une façon définitive, que du reste la simple cohabitation accomplissait le mariage, et que la cohabitation dépendait absolument des parents, on arrive à conclure que les père et mère pouvaient marier leurs rejetons à sept ans, ce qui revient à dire qu'ils disposaient d'eux à cet égard d'une façon absolue. En certains cas, ils n'attendaient même pas l'âge de raison. Le mariage contracté sous Henri IV entre le premier duc d'Orléans et Mlle de Montpensier, alors que les conjoints n'avaient pas plus de trois ou quatre ans, était réellement valable, et il eût fallu pour le rompre une véritable dissolution (1).

Cette action exorbitante de la famille entraînait une réaction; et, favorisés par l'absence de formalités du mariage religieux avant le concile de Trente, « les rapts, les enlèvements, les *subornations*, » étaient fréquents.

Les mariages clandestins qui en résultaient, célébrés dans des chapelles particulières, sans contrat, sans *proclamation de bans*, sans assistance de père, de mère, ou d'autres témoins, et le plus souvent conclus sans *amour* dans des vues intéressées, n'étaient d'ailleurs pas plus de nature que les autres à engendrer des unions heureuses. Aussi, les *démariages*, pour employer le langage de l'époque, étaient-ils excessivement fréquents.

Je veux ici laisser la parole à M. le vicomte d'Avenel (2).

Des alliances conclues dans de semblables con-

(1) *Loc. cit.*, page 120, 2e paragraphe.

(2) *Loc. cit.*, pages 124 et suivantes.

ditions, dit-il, tantôt avec si peu d'indépendance, tantôt avec si peu de règle, n'offraient aux contractants que de faibles chances de bonheur. Aussi voit-on les séparations et les divorces rompre sans cesse avec éclat des nœuds formés sans réflexion et condamnés à être sans avenir. Si l'on juge par les mariages le degré de moralité d'un peuple, la France de 1630 offre un spectacle fort peu édifiant.

Les séparations volontaires entre époux étaient, il est vrai, « prohibées comme contraires aux bonnes mœurs ». Mais les séparations judiciaires étaient fréquentes, et qui plus est, les divorces étaient innombrables. Ce mot de *divorce* (1) peut sembler impropre puisque le mariage n'était envisagé par l'Etat que comme un acte religieux, et que l'Eglise, considérant cet acte comme irrévocable, n'en admettait d'autre dissolution que la mort. Mais s'il n'est pas permis par les canons de rompre un mariage existant, il était loisible à l'autorité ecclésiastique de l'annuler, en déclarant *qu'il n'avait jamais existé*. Par l'abus que l'on en faisait, la *cassation* devenait un véritable divorce. Sans que la répudiation fût autorisée de fait, lors même qu'elle était censée impossible selon les lois, on tirait un tel parti des cas de nullité, que bien des gens se *démariaient* et se remariaient. « Il faut voir, écrivait le premier ministre Bérulle, notre agent à Rome, si l'on ne peut pas apporter quelque ordre à l'abus des *démariages*, ce qu'on sait bien être très difficile ». Un projet de règlement, qui sans doute n'eut pas de suite, nous apprend que pour casser les mariages, on « fait alléguer par une des parties de faux faits et moyens de nullité, comme de *contrainte, parenté, impuissance*, et autres empêchements légitimes, que l'autre partie feint de contredire, mais en telle sorte que toutes

(1) Le mot *divorce* est souligné par l'auteur même.

les deux tendent en effet de faire déclarer le mariage nul. »

Les unions sans enfants, cassées pour impuissance, étaient un divorce par consentement mutuel, toléré par la loi. Le droit canonique ordonnait seulement que les parties aient demeuré trois années ensemble depuis la célébration de l'hymen, « à moins que l'impuissance ne fût évidente et manifeste ». Ce moyen de divorce, malgré sa procédure bizarre : la visite juridique chez le lieutenant civil en présence d'une douzaine d'experts, et ce *Congrès*, particulier ou judiciaire, sur lequel s'est tant égayée la verve de nos aïeux, n'était cependant pas le plus dédaigné. Supercherie ou réalité, bien des couples furent désunis de cette manière, et ce ne fut qu'au milieu du règne de Louis XIV qu'un arrêt du Parlement vint interdire aux tribunaux de tout ordre, même aux juges d'Eglise, d'admettre à l'avenir la preuve du Congrès.

J'arrête là ma citation pour ne pas sortir de mon sujet, mais non sans renvoyer mes lecteurs à l'ouvrage même duquel je l'ai empruntée. Ils y trouveront des faits édifiants de *légitimation* et d'*anoblissement* d'enfants adultérins, parmi lesquels l'exemple peu banal, on en conviendra, de la légitimation « d'un Guy de Lusignan, seigneur de Saint-Gelais », qui « se fait légitimer et anoblir comme fils d'*Urbain de Lusignan*, *évêque de Comminges*, et de *Catherine de la Nazière* » (1).

Voilà comment les choses se passaient en

(1) *Loco citato*, p. 130. Fin du 1er paragraphe.

France sous l'ancien régime. En Pologne, on allait encore plus loin. Au moment du mariage, chaque époux recevait un soufflet de son père ou de sa mère. Cela lui permettait, le cas échéant, d'invoquer la cause de *contrainte* et d'obtenir ainsi un divorce sous forme d'annulation. On avait soin de placer volontairement la cause de nullité dans l'acte même de célébration du mariage. C'est au moins ce qu'on peut lire dans l'ouvrage fameux « *Le Cri d'un honnête homme* », paru en 1769 et que M. Damas, dans sa si intéressante étude déjà citée par moi, attribue à Voltaire.

L'Église, avec un pareil passé, qui se reproduirait demain si elle avait de nouveau ses franches coudées, a-t-elle bien le droit de critiquer la loi civile en matière de mariage et de divorce?

Quant aux particuliers qui, se disant catholiques, s'élèvent contre l'immoralité de cette innovation, leur opposition, inspirée par le snobisme, est encore moins recevable que celle de l'Eglise.

Ils ne protestent que tant qu'ils ne sont pas personnellement intéressés dans la question. Mais dès qu'ils le sont, les choses changent de face.

Je demande à mes lecteurs, pour en établir la preuve, de faire ici un intermède et de raconter un épisode qui ne se rattache qu'indirectement au sujet.

C'était au mois d'octobre 1877, au lendemain de l'élection générale qui suivit le quasi coup d'État du 16 mai. Après avoir été battu par une fraude éhontée dans Vaucluse, je regagnais Paris avec mon ami Saint-Martin et je dormais d'un profond sommeil. Saint-Martin, lui, ne dormait pas et avait engagé une conversation avec un troisième voyageur. Un peu avant Dijon, il me réveilla en me demandant d'y prendre part. Elle portait sur la question de savoir si, en France, le parti conservateur ne devrait pas se rallier à la forme républicaine, sauf à y former un parti tory.

M. le marquis de Vernou-Bonœil, — c'était le troisième voyageur — contestait l'intérêt de ce ralliement. Avec la République, nous disait-il, c'est une chute perpétuelle, sans qu'on puisse entrevoir un point d'arrêt. Aujourd'hui, Gambetta tient la corde, mais demain ce sera Naquet, et où en serions-nous si nous tombions de Gambetta en Naquet qui nous rétablirait le divorce.

Vous y êtes tombé, lui dis-je en souriant : vous voyez Naquet devant vous.

M. de Vernou-Bonœil fut stupéfait. Comment ! nous étions des gens bien élevés ; nous nous exprimions comme tout le monde ; nous n'étions pas des cannibales. Comme il faut se défier des idées toutes faites ! Notre conversation avait fait tomber ses préventions. Le soir même, dans son cercle, il allait raconter ce qu'il avait vu ; mais on se refuserait à le croire..., etc., etc., et à Dijon, nous nous quittions les meilleurs amis du monde. Il était cependant un point sur lequel je ne parvenais pas à l'ébranler : le divorce.

Quelques années plus tard, je revoyais M. de Vernou-Bonœil dans mon cabinet, affranchi, républicain et libre-penseur. Il avait eu des mésaventures conjugales dont la presse avait fait des gorges chaudes. Le divorce lui était apparu ce qu'il est, une loi morale et salutaire ; et il n'avait pas résisté au désir de venir me raconter l'histoire de ses infortunes et de son évolution.

Je pourrais m'en tenir là en ce qui concerne l'objection catholique. Je ne suis en effet canoniste à aucun degré. Je n'ai fait une étude particulière ni de l'histoire des Conciles ni de celle des Papes, et je n'ai aucune lumière personnelle sur les transformations qu'a pu subir la doctrine de l'Église à travers les âges. J'avoue même que si la chose est intéressante à d'autres points de vue, en ce qui concerne ma discussion, elle ne me paraît avoir qu'un intérêt relatif.

Quoi qu'aient pu professer et croire les premiers chrétiens, l'Église a maintenant sa doctrine bien arrêtée, sur laquelle elle demeure inébranlable, même lorsqu'elle la viole outrageusement. C'est cette doctrine qui lie les fidèles. Il ne leur est point permis de se réclamer des origines : ils ne le pourraient qu'en passant au protestantisme.

Mais, au point de vue philosophique, il est piquant de voir que cette Église a varié sous le rapport du mariage et du divorce, elle qui se targue d'infaillibilité et prétend tenir de Dieu tous ses dogmes par le Saint-Esprit qui inspire les Conciles.

Nous ne saurions trop engager, sous ce rapport, ceux pour qui ces questions ont de l'attrait, à lire l'intéressante brochure de M. Henri Coulon, déjà citée plus haut.

Ils y apprendront que le mariage n'est devenu un sacrement qu'en l'an 886, que jusque-là, il n'a été réglé que par les lois civiles, qu'il s'est même écoulé plusieurs siècles avant que la bénédiction religieuse fût déclarée obligatoire.

Ils y verront même que le dix-huitième empereur chrétien, Justinien, codifiait, sans aucune protestation de l'Église, le divorce comme le mariage ; que parmi les Conciles, près de la moitié ont admis le divorce, et que si, finalement, le principe contraire a prévalu, ce n'a pas été sans de nombreuses contradictions que le Saint-Esprit s'est données à lui-même.

CHAPITRE VIII

VICES POSITIFS DE LA LOI DE 1884

La loi de 1884 présente de nombreuses imperfections, dont les unes, qu'on me permettra d'appeler négatives, consistent dans l'absence de certaines dispositions qu'elle aurait dû contenir, et dont les autres, positives, consistent dans des dispositions détestables, celles notamment des articles 244, 295, 298 et 310. Je me suis déjà longuement expliqué sur les deux derniers de ces articles, je n'y reviens que sommairement.

L'article 310, qui abandonne à l'arbitraire des juges les conversions des séparations de corps en divorces, crée une diversité fâcheuse de jurisprudence. Il fait dépendre l'issue du litige non des conditions de l'action judiciaire, mais du tribunal devant lequel elle est portée. Tel qui gagnerait son procès à Caen, le perd à Rennes, et un avocat, s'il ignore l'opinion des juges auxquels appartient la décision, est impuissant à donner un avis à son client, quelque connaissance approfondie qu'il ait de l'affaire. Une pareille situation légale ne saurait être maintenue. Elle ne peut avoir qu'un effet : le discrédit de la magistrature et de la loi.

L'article 298, qui interdit à l'époux contre lequel le divorce est prononcé pour cause d'adultère, d'épouser son complice, est un outrage au bon sens et une prime à l'immoralité.

Nous vivons dans un milieu social qui, malgré ses mœurs polygames, considère, pour la femme tout au moins, la monogamie comme l'arche sainte. Une femme qui trompe son mari est déchue. Le fait d'avoir connu plusieurs hommes en dehors des circonstances où la loi le lui permet, entraîne pour elle une sorte de dégradation.

Or, à cette femme qui a *commis une faute*, qui a rompu ses engagements, et contre laquelle, pour ces motifs, le divorce a été prononcé, la société vient dire : « Remarie-toi si tu le veux et avec qui tu voudras, sauf avec un seul homme : celui que tu aimes, que ton cœur a choisi. Epouses-en un autre que tu n'aimes pas, que le dégoût t'amènera peut-être à tromper encore. Alors que tu pouvais te relever par l'amour, l'unique moralisation des rapports des sexes entre eux, contracte un mariage qui ne sera qu'une prostitution ; ou, si tu ne veux pas te séparer de celui qui a librement reçu le don complet de toi-même, demeure à ses côtés en dehors du mariage, et, si tu procrées, que tes enfants, ces fruits de l'amour, vivent en marge de la société comme des bâtards » !

Je ne connais rien de plus monstrueux.

Je sais bien comment on s'est efforcé de motiver cette inhibition immorale. On a voulu sauvegarder l'institution du mariage et flétrir l'adultère. On a cru que la femme y réfléchirait à deux fois avant de se livrer à un amant, si elle savait ne jamais pouvoir l'épouser.

Ce sont là des calculs mesquins de jurisconsultes qui semblent ignorer ce qu'est une passion.

La femme honnête qui, *en aimant et en obéissant aux lois de sa nature*, commet ce qu'on est convenu d'appeler *une faute*, n'agit pas par calcul. Elle est entraînée par un sentiment qui la domine, par une passion qui l'entraîne. Elle ne raisonne pas et ce ne sont pas des considérations tirées de l'avenir qui peuvent influencer sa conduite. L'adultère se produisait lorsque le divorce n'existait pas et ce n'était pas dans l'espérance d'un second mariage qu'on pouvait en chercher la cause.

Si même on tient à sauvegarder le mariage, on fait fausse route.

C'est rarement la femme qui prend l'initiative de l'adultère. C'est ordinairement l'homme, et si la femme s'y détermine le plus souvent sous l'empire de la passion, il en est tout autrement chez l'homme, pour qui, dans la majorité des cas, c'est chose banale, tant nos mœurs lui sont indulgentes.

Il en résulte qu'à supposer l'article 298 capable d'arrêter quelquefois la femme sur les bords du précipice, il favorise, au contraire, singulièrement le don Juan, le débauché, le coureur d'aventures qui porte, de gaîté de cœur et de propos délibéré, la désunion et la honte dans les ménages.

On voit rarement un séducteur s'attaquer à une jeune fille ; il faudrait réparer. Le même empêchement l'arrêtera lorsqu'en s'attaquant à une femme mariée il saura qu'un divorce est possible après lequel une réparation pourra être exigée de lui. Mais si cette réparation est rendue impossible de par la loi, pourquoi se gênerait-il ? Il est couvert, et si la conscience ne l'arrête pas, on se demande ce qui pourrait le retenir.

L'article 298 blesse donc le sens moral, et au point de vue même où s'est placé le législateur, la disposition qu'il édicte va contre le but poursuivi. Les Anglais l'ont parfaitement compris. Aussi, se sont-ils sagement gardés de nous imiter.

Non seulement la loi anglaise n'interdit pas à l'époux adultère d'épouser son complice ; mais encore les mœurs le lui imposent comme la seule réhabilitation possible. Celui des deux coupables qui se refuserait, après divorce, à une telle régularisation, serait flétri par l'opinion.

Voilà de la bonne psychologie !

Il faut rendre en France cette justice aux magistrats qu'ils l'ont compris. Et presque toujours, dans le jugement, ils ont soin, même lorsqu'ils visent l'adultère, de ne pas nommer le co-auteur du délit afin de rendre l'inhibition légale inapplicable.

Cette jurisprudence intelligente a fini par porter la lumière dans les esprits. Non seulement, MM. Paul et Victor Margueritte ont éliminé l'article 298 de leur proposition de loi ; mais à la Chambre des députés, M. Barthou, membre de la fraction modérée du parti républicain, vient, avec le concours de MM. Caillaux, Poincaré et Millerand, d'en proposer formellement l'abrogation. L'article 298 a vécu.

L'article 295 est moins nuisible, parce qu'il s'applique à des situations excessivement rares ; mais il est tout à fait ridicule. C'est celui qui interdit aux époux divorcés de se réunir à nouveau si l'un ou l'autre a, postérieurement au divorce, contracté un nouveau mariage suivi lui-même d'un divorce.

Je l'ai pourtant défendu au Sénat, après que la Commission sénatoriale eut refusé d'aller aussi loin qu'on le lui demandait, parce qu'en somme, cette rédaction atténuée était plus libérale que celle de la Chambre. Dans les Parlements comme ailleurs, on est souvent obligé de faire des concessions. C'est ce que j'ai fait pendant toutes les discussions auxquelles a donné lieu le rétablissement du divorce, mais jamais sans esprit de retour.

A l'heure actuelle, le moment est venu de faire disparaître cette absurde prohibition qui ne se légitime par rien, et il est singulier que MM. les frères Margueritte, qui s'efforcent de nous donner une législation entièrement conforme à la liberté et à la dignité humaine, l'aient maintenue dans leur article 42. Ce ne peut être que par inadvertance. Je leur signale ce petit défaut de leur projet, le seul qui dépare leur beau travail, et je ne doute pas qu'ils ne reconnaissent la justesse de mes observations.

Un autre article à supprimer est celui qui porte le n° 244 et qui est relatif à la réconciliation; son interprétation donne lieu aux abus les plus criants. Un plaideur déloyal, en simulant habilement une rencontre, peut arriver à faire débouter son adversaire. C'est contraire à toute raison. En poursuivant son instance en divorce, l'époux qu'on prétend réconcilié, prouve péremptoirement qu'il ne l'est pas ; ou, tout au moins, que s'il a tenté une reprise de la vie commune, il a bien vite reconnu l'inutilité de ses efforts. Par sa tentative même, il a fourni la démonstration de sa bonne foi, du caractère sérieux des causes qui ont déterminé son action. Loin d'y voir une circonstance de nature à faire rejeter sa demande, il serait logique d'y voir un élément propre à en renforcer les motifs.

C'est, en somme, ce que prescrit la loi lorsque, après une réconciliation, il se produit de nouveaux griefs susceptibles de preuve. Mais pourquoi exiger cette preuve qui est le plus souvent impossible ? Est-ce qu'elle ne résulte pas des faits ? Est-ce qu'elle n'est pas apportée par la reprise de l'instance après la réconciliation, si celle-ci a été réelle ? Est-ce que si cette dernière n'a été qu'un piège, ce piège ne suffit pas à établir le bon droit de celui qui en est la victime ? Est-il admissible que la législation tende des embûches aux plaideurs ?

Dans l'admirable roman qu'ils ont publié sous le titre « *Les deux Vies* », les frères Margueritte ont fait ressortir avec force, le danger de ces prétendues réconciliations.

Une femme a intenté une action en divorce contre son mari. Elle a en mains des lettres qui prouvent que l'homme dont elle porte le nom s'est rendu coupable d'adultère. C'est une cause péremptoire de divorce devant laquelle le tribunal sera forcé de s'incliner.

Mais il y a un enfant. Laissé à la garde de la mère pendant la durée de l'instance, il doit cependant, à de certains jours, être conduit chez le père. Or, voilà qu'au cours d'une de ces visites, il fait une chute, se fracture le bras, et ne peut pas être ramené chez sa mère. Celle-ci, en en recevant la nouvelle, oublie tout : son divorce, le danger auquel elle s'expose. Elle ne songe plus qu'à son enfant. Elle accourt à son chevet. Pendant tout une nuit elle y reste angoissée. Le mari en profite pour se placer derrière elle dans une attitude qui simule la réconciliation. La belle-mère et la sœur de charité qui gardent le malade viennent à l'enquête témoigner de cette attitude ; et punie de la noblesse de ses sentiments, frappée parce qu'elle a été mère avant tout, l'épouse est déboutée : *elle est réconciliée de par la loi* et le mari conserve ainsi la précieuse faculté de ne pas rendre la dot.

A côté de ces diverses dispositions qui doivent disparaître pour peu que le Parlement entende faire de la loi du divorce une œuvre logique et coordonnée, je citerai encore celle qui interdit à la femme après la dissolution de son mariage, quelle qu'en soit la cause, de se remarier avant dix mois.

Le motif de ce délai, nécessaire dans la grande majorité des cas, a été d'empêcher toute incertitude dans la filiation. Si la femme veuve ou divorcée se remariait immédiatement, et accouchait ensuite alors qu'il se serait écoulé plus de six mois depuis le nouveau mariage et moins de dix mois depuis le divorce ou la mort du premier époux, la filiation serait incertaine. L'enfant étant réputé viable à six mois, et la durée maxima de la grossesse étant, d'après les présomptions légales, fixée à dix mois, la loi ne fournirait plus d'indications suffisantes pour faire attribuer l'enfant à l'un ou à l'autre des deux maris.

Mais des circonstances peuvent se produire où ce délai devient inutile. C'est le cas, soit lorsque la femme veuve ou divorcée est accouchée dans les premiers mois qui ont suivi la dissolution de son union première, soit lorsqu'après le divorce, les époux se réunissent sans qu'aucun d'eux ait contracté de mariage dans l'intervalle.

Ici, la disposition devient sans objet, et bien qu'elle ne présente pas, en somme, de grands inconvénients, par simple respect du bon sens, elle doit être supprimée. La loi ne doit jamais porter atteinte à la liberté individuelle, même sur des points secondaires, que quand une utilité sociale incontestable le commande.

Tels sont les péchés d'action de la loi de 1884.

Quant à ses péchés d'omission, ils consistent en ce qu'elle a trop limité les causes de nature à motiver le divorce, et en ce qu'elle n'a admis ni, comme le Code civil, le divorce par consentement mutuel, ni, comme la loi du 20 septembre 1792 et le projet de Code civil de la Convention, le divorce par la volonté persistante, mais unilatérale, de l'un des époux.

CHAPITRE IX

DU DIVORCE POUR CAUSES DÉTERMINÉES

UN COUP D'ŒIL SUR LES LÉGISLATIONS ÉTRANGÈRES

Les causes déterminées de divorce admises par la loi de 1884, sont au nombre de trois :

1° L'adultère de l'un ou l'autre des époux ;

2° La condamnation de l'un des époux à une peine afflictive et infamante ;

3° Les sévices, excès, injures graves de l'un des époux envers l'autre.

Les deux premières de ces causes sont péremptoires. Le juge n'a qu'à les constater. Dès que la preuve en est fournie, le divorce est de droit. La troisième est entièrement laissée à l'appréciation des magistrats.

Dans ma proposition de loi de 1876, j'avais visé les causes suivantes :

1° L'adultère de la femme, si c'est l'homme qui

est demandeur; de l'homme, si c'est la femme qui est demanderesse;

2° La condamnation de l'un des époux à une peine afflictive ou infamante;

3° Les crimes, sévices ou injures graves de l'un des époux envers l'autre;

4° La démence, la folie, ou la fureur de l'un des époux;

5° Le dérèglement des mœurs notoire;

6° L'abandon de la femme par le mari ou du mari par la femme pendant un an au moins;

7° Le refus, par le mari, de subvenir à l'entretien de sa femme, quoi qu'il en ait les moyens;

8° L'absence de l'un des époux sans nouvelles, pendant deux ans au moins;

9° L'impuissance, qu'elle soit survenue antérieurement ou postérieurement au mariage;

10° Les infirmités dégoûtantes et incurables de l'un des époux survenues postérieurement au mariage, ou antérieures au mariage, mais inconnues de l'autre époux au moment de sa célébration;

11° Les fausses dénonciations et les calomnies de l'un des époux contre l'autre;

12° L'acquisition d'un gain déshonnête;

13° L'ivrognerie, l'intempérance habituelle, se continuant pendant deux ans;

14° Les dissentiments religieux survenus après le mariage et prouvés, soit par le changement de religion de l'un des époux, soit par la religion imposée aux enfants lors de leur naissance ou dans les années qui suivent, soit par l'aveu des deux parties ;

15° Et, d'une manière générale, toute cause non prévue, qui paraîtra au tribunal de nature à atteindre profondément le lien conjugal.

Cette énumération était copiée presque intégralement sur la loi du 20 septembre 1792 et sur le premier projet de Code civil présenté à la Convention par son comité. La grande Assemblée l'avait fait disparaître du projet définitif. Elle repoussait toute allégation de motifs déterminés n'y voyant qu'une occasion permanente à scandales. C'est une opinion sur laquelle j'aurai à revenir.

Presque toutes les législations étrangères ont également édicté des causes de divorce plus nombreuses que celles qui figurent dans notre Code civil actuel.

En Autriche, où le mariage est demeuré confessionnel pour quiconque demande au ministre d'un culte de consacrer son union, le divorce n'est admis que pour les protestants, les juifs et les personnes ne se rattachant à aucun culte reconnu. Mais pour ces derniers, il peut être prononcé pour cause :

1° D'adultère ;

2° De condamnation à cinq années de réclusion (Kerterstraf) ou au-dessus ;

3° D'abandon du domicile conjugal ;

4° D'absence dans le sens juridique du mot ;

5° D'embûches mettant en danger la vie ou la santé de l'autre époux ;

6° De mauvais traitements répétés ;

7° Et dans le cas d'aversion insurmontable et réciproque (divorce par consentement mutuel).

*

En Suisse, depuis la loi fédérale du 24 décembre 1874 :

Si les deux époux demandent le divorce, le tribunal doit l'accorder, s'il résulte des circonstances de la cause que la vie commune est incompatible avec la nature du mariage (article 45) ;

Si le divorce est demandé par un seul des époux (art. 46), le tribunal l'accordera pour les motifs suivants :

Adultère ;

Sévices et injures, attentat à la vie ;

Condamnation à une peine infamante ;

Abandon malicieux ;

Maladie mentale incurable.

Enfin l'article 47 dispose que : *s'il n'existe aucune des causes du divorce énumérées à l'article 46, et que cependant il résulte des circonstances que le lien conjugal est profondément atteint, le tribunal peut prononcer le divorce ou la séparation de corps. Cette séparation ne peut être prononcée pour plus de deux ans. Si, pendant ce laps de temps, il n'y a pas réconciliation entre les époux, la demande en divorce peut être renouvelée, et le tribunal prononce alors librement d'après sa conviction.*

Bien que ces dispositions subordonnent le divorce à l'opinion des magistrats, au lieu de reconnaître, avec la Législative et la Convention, que c'est là une question qui regarde les époux seuls et dans laquelle les tribunaux ne doivent avoir aucune compétence, elles sont très larges ; et, grâce à l'esprit libéral des juges helvétiques, elles ont produit dans la pratique des effets presque identiques à ceux que l'on pourrait attendre de la mise en vigueur de notre législation révolutionnaire. En l'état du monde moderne, la loi suisse est la meilleure qui existe en matière de divorce.

L'Allemagne, dans son Code civil fédéral de 1875, avait laissé subsister, pour chacun des États de l'Empire, les causes de divorce que les lois particulières de ces différents États admettaient. Elle s'était bornée à introduire la disposition absurde de notre article 298 portant inhibition de mariage entre une personne divorcée pour cause d'adultère et son complice. Un peu plus humaine cependant que notre législation à nous, la loi fédérale allemande, dans son article 33 qui vise cette interdiction, prévoit le cas de dispense, ce que ne fait pas la loi française.

De même, pourvu qu'il ne puisse en résulter aucune incertitude de filiation, elle permet aux pouvoirs publics, après la dissolution d'un premier mariage, de dispenser la femme des dix mois de viduité qui lui sont imposés avant qu'elle puisse en contracter un nouveau. Il y a là un incontestable progrès.

En ce qui concerne les causes de divorce, avant 1875 les États protestants admettaient celles qui suivent :

L'adultère ;

L'abandon ;

Les sévices ;

Les embûches ;

La condamnation de l'un des époux à une peine emportant à la fois infamie et privation de liberté (peine afflictive et infamante).

En outre, quelques États — Hesse électorale, Schleswig-Holstein, Mecklembourg, Brunswick, Weimar, Cobourg-Gotha, Meiningen et Anhalt — permettaient au chef du pouvoir exécutif d'accorder le divorce par un rescrit, même en dehors des cas spécifiés par la loi.

Quant à la Prusse, elle ajoutait aux motifs de divorce qui viennent d'être énumérés :

L'impuissance survenue postérieurement au mariage ; les infirmités dégoûtantes et incurables ; la démence ou la fureur ; les insultes grossières et les outrages ; les dénonciations calomnieuses de l'un des époux contre l'autre ; l'acquisition d'un gain malhonnête ; une conduite déréglée ; l'aversion profonde et invincible de l'un des époux pour l'autre ; enfin, le consentement mutuel dans les ménages sans enfants.

De plus, l'article 695 de *l'Algemeinen-Landrecht* prussien, portait que : « Si l'un des époux, par sa manière d'être au dedans ou au dehors du domicile commun, rend volontairement impossible l'accomplissement de ce qui est le but légal du mariage, l'autre époux a un droit légal au divorce » (1).

(1) Ein Ehegathe, welcher durch sein Betragen, bei oder nach der Beiwohnung, die Erreichung des Gesetzmässigen Zweckes derselben vorsätzlich hindert, Giebt dem andern zur Scheidung rechtmässigen Anlass.

Mais le nouveau Code civil de l'Empire promulgué le 18 août 1896, et qui est entré en vigueur le 1er janvier 1900, a, contrairement à celui de 1875, aboli toutes les législations locales et généralisé la loi du divorce pour l'Allemagne entière. Le divorce y est admis pour les causes suivantes :

1° L'adultère, à moins qu'il ne soit établi que le demandeur y a consenti ;

2° L'attentat de l'un des conjoints contre la vie de l'autre ;

3° L'abandon malicieux, après qu'un délai d'un an s'est écoulé depuis la sentence qui condamne le coupable à réintégrer le domicile ;

4° Les fautes graves contre les devoirs que le mariage impose ;

5° La conduite immorale et déshonnête de l'un des époux, si elle entraîne dans les relations conjugales une perturbation assez profonde pour en rendre la continuation impossible ;

6° Une maladie mentale postérieure au mariage, à la condition que la folie ait duré trois ans, qu'elle paraisse incurable et qu'elle s'oppose à toute communauté intellectuelle entre les époux.

Aux États-Unis, la loi varie d'un État à l'autre ; mais comme les citoyens d'un État ont toujours la faculté de se transporter dans un autre dont ils deviennent justiciables, c'est en somme la législation la plus large qui l'emporte. Je citerai celles de la Louisiane et de la Pennsylvanie. Le *Statute book* de la Louisiane reconnaît les sept causes de divorce suivantes : L'adultère, l'ivrognerie, les excès, la cruauté, les outrages de nature à rendre la vie commune insupportable, la condamnation à une peine afflictive et infamante, et l'abandon volontaire pendant cinq ans.

En Pennsylvanie le divorce peut être obtenu :

1° Pour cause d'adultère ;

2° Quand l'un des époux, sans cause valable, a abandonné l'autre pendant deux ans ;

3° Quand le mari, par de mauvais traitements, a mis en danger la vie de sa femme, ou qu'il a rendu, par ses indignités, sa condition intolérable ;

4° Lorsqu'un époux a été condamné à deux ans de prison au moins ;

5° Lorsque la femme, par ses mauvais traitements, a mis en danger la vie de son mari ou rendu sa situation intolérable.

Je passe la Russie où le mariage est régi par le droit ecclésiastique, mais où cependant l'absence de l'un des époux, au sens juridique du mot, ouvre à l'autre le droit à la rupture du mariage.

L'absence est aussi reconnue par les lois norwégienne, suédoise, danoise et hollandaise comme pouvant motiver la dissolution du mariage.

Le code mexicain a également édicté de nombreuses causes de divorce. Mais il porte que le divorce ne délie pas le lien conjugal, et suspend seulement quelques-unes des obligations civiles qui s'y rapportent. Il ne s'agit donc là, en réalité, sous le nom de divorce, que d'une espèce particulière de séparation de corps, le vrai divorce ayant été toujours jusqu'ici repoussé par les Chambres, ainsi que cela a été dit plus haut. Il n'y a donc pas lieu d'entrer dans de plus amples développements sur la législation de ce pays.

L'Angleterre ne possède sur la matière qu'une législation très étroite. Le divorce n'y est admis que pour cause d'adultère ; et encore y entraîne-t-il des frais si élevés, qu'il n'est accessible qu'aux millionnaires. Pour la masse de la nation, il n'existe pas. D'où les statistiques qui semblent attester la moralité supérieure de nos voisins et le respect dont y jouit la famille. Elles n'attestent en fait qu'un état social encore profondément aristocratique, malgré les conquêtes constantes de la démocratie ; et nous ne pouvons trouver là aucun argument propre à éclairer la question qui nous occupe.

La conclusion de l'étude qui précède est que, si la loi nouvelle, qui sortira je l'espère de la campagne dont MM. Paul et Victor Margueritte ont pris l'initiative, maintient, contrairement aux principes de la Convention, le divorce pour causes déterminées, elle devra accroître le nombre, actuellement insuffisant, de celles qui figurent dans notre législation.

Cette pénurie de causes inscrites dans le Code n'a cependant pas entraîné dans la pratique, depuis 1884, tous les inconvénients que l'on aurait pu craindre.

La loi, qui envisage des cas généraux, qui formule des principes, est supérieure à l'arbitraire du magistrat, qui n'opère que sur des espèces particulières.

Mais, d'autre part, le législateur, par cela même qu'il n'a devant lui que des abstractions, se montre infiniment plus inflexible que le juge, qui se trouve en présence de misères individuelles et tangibles.

Le premier édicte facilement, s'il croit y voir un intérêt social, des règles qui frappent cruellement certains individus. Il ne considère que l'effet final, la différence entre ce qu'il croit être les bons et les mauvais côtés d'une loi. Quand il s'est convaincu que les résultats fâcheux d'une disposition légale sont inférieurs en nombre à ceux qu'entraînerait une disposition contraire, il se décide pour la première, sans autrement se préoccuper des malheureux dont la détermination qu'il prend brisera l'existence.

Le juge, lui, est placé en présence, non plus d'abstractions, mais d'hommes qui souffrent, de femmes qui gémissent. Ces misères s'imposent à son attention, tandis que les effets de ses décisions sur la société lui échappent. Il est, dès lors, contrairement au législateur, porté à ne considérer que l'espèce qu'il examine. De là chez lui, malgré l'habitude qui résulte de la fonction, moins de rudesse dans l'appréciation des faits.

Aussi quand le député ou le sénateur a rédigé en 1884 la loi du divorce, a-t-il craint, étant donnés ses préjugés ataviques, d'ouvrir trop largement la porte de ce bagne que constituent les mariages mal assortis, et s'est-il borné à nos trois causes de divorce, dont deux seulement péremptoires.

Les tribunaux, au contraire, lorsqu'ils ont vu comparaître à leur barre des époux chez lesquels le lien était irrévocablement atteint, et qui clamaient pitié pour leur vie brisée, ont été pris d'un sentiment humain. Malgré leurs croyances, leurs préjugés, leurs traditions, ils se sont trouvés en face d'une souffrance à soulager; et le Code ne leur fournissant pas la cause de divorce correspondante à l'espèce, ils l'ont créée par voie d'interprétation, par ce que les légistes appellent le « droit prétorien ». Ils ont étendu le sens des mots « sévices et injures graves », et ils ont fini par y faire tout entrer. Ils ne se sont d'ailleurs pas mis pour cela en contradiction avec l'esprit du législateur, qui par ce texte vague avait bien entendu rejeter sur eux la responsabilité des cas indécis.

La jurisprudence a pu suppléer ainsi à l'imperfection de la loi et rétablir les facilités qui existent chez d'autres peuples, et que la législation de 1803, reprise en 1884, avait supprimées chez nous. Elle est allée plus loin encore, et c'est surtout le consentement mutuel, dont M. J. Ferry avait cru rendre l'application impossible, qui est devenu la cause principale des divorces prononcés depuis 19 ans.

Si donc la réforme ne portait que sur l'extension des causes déterminées, elle ne vaudrait peut-être pas la peine d'être entreprise.

Mais elle vise plus haut.

Il s'agit de rétablir le consentement mutuel d'une part, et de l'autre le divorce unilatéral sur la seule constatation de la volonté persistante d'un seul des époux.

Dans le cas du consentement mutuel, la loi n'a pas à se préoccuper des causes déterminées. Toutes les conditions sont réglées à l'amiable entre les intéressés, sans que la société ait autrement à y intervenir que pour constater les conventions et en prendre acte.

Mais dans le cas de divorce provoqué par la volonté unilatérale, la question se pose :

Faut-il laisser à l'époux qui provoque le divorce la faculté de rendre publics ses griefs, ainsi que l'avait pensé le législateur de 1892, que je l'avais jugé moi-même dans ma proposition de loi de 1876, et que le pensent MM. les frères Margueritte ?

Ou faut-il, en même temps qu'on reconnaîtra à chacun des conjoints la faculté de rompre le mariage par la seule affirmation de sa volonté persévérante, lui refuser, comme dans le projet de Code civil de 1793, le droit de motiver sa demande ?

La question vaut qu'on s'y arrête, car il existe certainement d'excellentes raisons pour et contre l'un et l'autre système.

Celui de la Convention, en empêchant la divulgation de faits intimes, le plus souvent honteux, évite des scandales certainement nuisibles aux parties, aux enfants, à la société.

Malgré ces avantages incontestables, je considère cependant la solution à laquelle s'était arrêtée la Législative comme préférable.

La Convention aurait été entièrement dans le vrai si le mariage n'entraînait pas pour les époux d'autres effets que ceux qui touchent spécialement à leurs personnes.

Mais il en comporte d'autres.

Il y a les enfants, et l'on doit aussi tenir compte des intérêts pécuniaires résultant des conventions matrimoniales.

Après le divorce, comment ces intérêts se régleront-ils? qu'adviendra-t-il des enfants?

Ce sont là des questions que la loi ne saurait ignorer; et il semble qu'elles exigent impérieusement pour le demandeur en divorce le droit de déduire les motifs de son instance.

En dehors du consentement mutuel, où tout est réglé à l'amiable, des litiges sont, en effet, à prévoir sur ces matières.

Comment les résoudre?

Par la mise en pratique d'un principe général d'équité : en décidant que celui-là perdra les avantages attachés au lien conjugal, qui en exigera la rupture sans faire connaître les motifs de sa détermination.

Voilà deux époux malheureux en ménage, dont l'humeur est incompatible, pour qui la vie commune est une souffrance. S'ils n'avaient pas d'enfants, ils ne demanderaient qu'à se quitter. Mais ils en ont et ils les aiment. S'ils deviennent étrangers l'un à l'autre, à qui seront confiés ces fruits de leur ancienne union ?

A l'idée de les abandonner, l'un d'eux éprouve un déchirement tel qu'il hésite et finalement repousse le divorce.

L'autre, au contraire, voit dans la liberté un si grand bien que, sans s'arrêter à aucune considération étrangère à son but, il persiste à vouloir divorcer. C'est son droit. Mais n'est-il pas juste, dans ce cas, que la garde des enfants soit laissée à celui qui était prêt à tout supporter pour ne pas les perdre ?

Il se peut cependant que l'époux qui résiste au divorce ne soit mû que par des considérations de fortune, de jalousie ou de haine, et qu'il se borne à cacher ces mobiles honteux sous le masque de l'amour paternel ou maternel. Il est également possible que l'époux demandeur n'agisse que sous l'empire d'une situation absolument intolérable, que ce soit lui qui ait un vrai cœur de père ou de mère, que la détermination qu'il prend soit même motivée par l'intérêt des enfants. Dans ce cas, ne serait-il pas souverainement injuste eu égard à cet époux, et souverainement imprudent eu égard aux enfants, d'abandonner complètement ces derniers au défendeur ou de les partager par quelque procédé arbitraire comme celui qui consisterait à laisser les fils au père et les filles à la mère ?

Voilà un mari dont la femme se prostitue ; voilà une femme dont le mari, ivrogne et débauché, s'est laissé entraîner jusqu'au crime. Si le consentement mutuel n'intervient pas, si la femme adultère ou le mari criminel résiste, sera-ce donc à ces parents indignes que seront confiés les enfants ? Les abandonnera-t-on à cette école de perversité ?

Et comment, cependant, sera-t-il possible de faire autrement si le tribunal ou les arbitres n'ont aucun élément sur lequel ils puissent appuyer leur sentence ? s'ils ignorent ce qui a provoqué les dissentiments entre époux.

C'est ici qu'intervient la nécessité des causes déterminées. Lorsque l'époux lésé n'a pu obtenir le consentement de son conjoint, s'il provoque le divorce par sa volonté seule, il doit lui être loisible de démontrer qu'il y a été contraint par des circonstances qui ne dépendaient pas de lui.

En outre, et quelle que soit la liberté légale reconnue à chacun de nous, aussi longtemps que les charges familiales incomberont aux parents, aussi longtemps qu'elles ne seront pas transportées au corps social — si tant est que cela doive jamais advenir — il n'est pas douteux que les mœurs ne frappent toujours d'une certaine flétrissure les personnes à amours volages qui traitent le mariage avec trop de légèreté.

Il est donc encore équitable, à ce point de vue, que l'époux qui divorce puisse, en faisant connaître les motifs de sa décision, se justifier de toute accusation de ce genre.

Enfin, pour éviter que des unions ne soient brisées sous l'empire d'un caprice ou d'une colère, le divorce, lorsqu'il est provoqué par la simple volonté d'un seul des époux, doit être subordonné à des délais d'attente assez longs, tandis que ces délais peuvent parfois être abrégés, au grand avantage de tous, par l'allégation des raisons qui ont déterminé la résolution du demandeur.

Il semble donc indispensable, quoi qu'en ait décidé la Convention nationale après une longue et intéressante discussion, de conserver aux époux la faculté d'exciper de causes déterminées. Il faut même étendre le nombre de celles que la loi prévoit actuellement, et il convient de permettre, par une disposition spéciale, l'articulation des griefs qui n'auraient pas été prévus.

Le législateur ne saurait plus voir là aucun

danger : dès l'instant où cette allégation de motifs cesse d'être nécessaire, plus grande sera la faculté laissée à l'époux demandeur de justifier sa décision, plus éclairée sera la sentence des juges ou des arbitres, et mieux garanties seront la famille et la société.

CHAPITRE X

LE DIVORCE PAR CONSENTEMENT MUTUEL

Nous avons déjà analysé les défauts positifs inhérents à la loi de 1884 et nous lui avons trouvé aussi un « péché par omission » qui réside dans l'extrême restriction apportée aux causes déterminantes du divorce.

Mais cette imperfection-là est peu de chose, si on la compare à l'erreur capitale qu'a commise le Parlement en ne rétablissant pas au nombre de ces causes le consentement mutuel.

Le consentement mutuel est en effet la cause la plus naturelle, la plus péremptoire du divorce.

Je ne veux pas discuter ici sur la nature du mariage. La loi religieuse en fait un sacrement. Mais qu'est-il au regard de la loi civile ?

Est-ce un contrat ? Est-ce un lien *sui generis* dans lequel on ne puisse relever le caractère contractuel ?

Un grand esprit, Kant, l'a considéré comme

un contrat et presque tous les légistes à sa suite.

M. Emile Acollas, dans sa lumineuse monographie du mariage (1), a énergiquement combattu cette doctrine.

Le contrat, dit-il, a besoin, il est vrai, pour exister, du concours de plusieurs volontés, mais il a besoin aussi d'autre chose ; il faut qu'il ait un objet possible ; il faut qu'il ait une sanction possible, une sanction *manu militari*. Dans le mariage, où serait l'objet et à quoi se prendrait la sanction ? L'objet, serait-ce la possession de la personne de chacun des deux époux par celle de l'autre, et, quant à la sanction, la société emploiera-t-elle ses agents pour forcer les deux époux à se communiquer l'un à l'autre.

M. Acollas cite un passage de Kant qui, écrit pour justifier l'idée du *mariage-contrat*, semble cependant prouver que cette idée est contraire à la vérité philosophique. Le voici :

Dans cet acte (c'est Kant qui parle), l'homme fait de lui-même une chose, ce qui est contraire au droit de l'humanité qui réside dans sa propre personne. Cela n'est possible qu'à une condition, c'est qu'en même temps que l'une des deux personnes est acquise par l'autre, elle l'acquiert aussi réciproquement, car de cette façon elle rentre en possession d'elle-même et rétablit sa propre *personnalité*.

(1) *Le Mariage.* — Son passé, son présent et son avenir, par Émile Accollas. — Paris, Mareseq aîné, éditeur, 20, rue Soufflot.

Et Acollas conclut :

Kant se réfute suffisamment lui-même en déclarant que, dans l'acte qui est à ses yeux l'objet de l'obligation née du mariage, l'homme devient une chose et viole son propre droit. Le raisonnement par lequel il restitue à chacun des deux époux sa personnalité n'est que l'extrême recours de la logique aux abois.

Où le logicien Kant a échoué, d'autres ne réussiront pas.

Emile Acollas me paraît être rigoureusement logique. Mais je n'ai pas voulu jusqu'à présent, et je ne veux pas aujourd'hui davantage, m'embarrasser dans cette controverse. Malgré qu'on en puisse avoir, elle conserve un caractère métaphysique ; et les arguments d'ordre métaphysique n'ont jamais convaincu personne, pas même leurs auteurs. Ils servent tout au plus aux tenants de certaines convictions préconçues, à justifier leurs croyances à leurs propres yeux. Pour le but que je poursuis, une telle discussion me paraît inutile.

Si le mariage n'est pas un contrat, s'il est, selon la belle définition d'Emile Acollas « l'association de l'homme et de la femme fondée sur le sentiment moral de l'amour, et soumise à la double loi de la liberté et de l'égalité », il est clair que l'association ne persiste qu'autant que dure l'accord des deux volontés lui-même. Là où l'amour n'est plus, là où l'un des époux veut se retirer, la rupture du lien est de droit.

A plus forte raison l'est-elle aussi lorsque les deux conjoints se sont mis d'accord pour rompre leur union, lorsqu'il y a, selon l'expression juridique, consentement mutuel à la dissolution du mariage.

Mais la justification du divorce par consentement mutuel — et nous verrons dans le chapitre suivant qu'il en est de même du divorce unilatéral sans allégation de motifs — découle d'une façon tout aussi évidente de la théorie qui fait du mariage un contrat. C'est pourquoi j'ai préféré m'en tenir jusqu'ici à cette dernière manière de voir. Elle est enracinée dans la plupart des esprits ; et le meilleur moyen de convaincre consiste à démontrer aux personnes contre lesquelles on argumente que les idées que l'on défend se déduisent logiquement de leurs propres principes. S'il faut commencer par battre en brèche leurs opinions fondamentales, l'entreprise est infiniment plus ardue. On ne doit s'y résoudre que quand c'est indispensable ; et ce n'est point ici le cas puisque les deux systèmes conduisent à la même conclusion.

La nature de tout contrat est d'être susceptible de résiliation, lorsque les deux parties engagées consentent à l'annulation de l'engagement.

J'achète la maison de mon voisin; je la lui paie, j'en prends possession. Puis, je regrette mon achat et il regrette sa vente. Nous convenons qu'il réintégrera son ancien immeuble, dont il me remboursera le prix et que je l'abandonnerai en échange de ce remboursement. Rien de plus simple.

De même, je contracte un mariage. Au bout d'un temps déterminé, mon conjoint et moi nous nous apercevons que nous avons commis une erreur, que nos caractères ne sympathisent pas, que l'union est mal assortie, et nous convenons de la rompre. Le mariage a beau être un contrat, ce contrat doit être rescindé selon la règle générale qui s'applique à tous les instruments juridiques de cette nature.

Pour contester cette conclusion, il faut admettre qu'une tierce personne intervienne au contrat, Dieu ou la société.

L'intervention de Dieu est du domaine religieux et ne saurait exercer d'action contraignante que sur la conscience des intéressés.

Quant à l'intervention de la société, elle serait inique. Ce serait la plus effroyable tyrannie qu'il fût possible d'imaginer, une forme d'esclavage et la plus odieuse de toutes. Pour la justifier, il faudrait démontrer qu'il y a là un intérêt social de premier ordre, quelque chose comme une condition d'existence pour l'humanité.

C'est ce que se sont efforcés de faire les juristes rétrogrades, catholiques conscients ou inconscients, qui ont combattu le rétablissement du divorce avant 1884. J'ai, à cette époque, tant dans mes conférences et dans mes articles que dans mon livre « *Le Divorce* », dans la seconde édition de cet ouvrage surtout, réfuté ces billevesées ; et avec l'aide des penseurs et des hommes politiques qui m'ont apporté leur concours, j'ai été assez heureux pour en avoir raison, du moins en partie.

Depuis lors, nos adversaires de la veille ont recommencé leurs attaques et ont prétendu les appuyer sur des faits nouveaux. Mais comme ceux-ci n'ont aucune portée — je crois en avoir fait la démonstration dans un précédent chapitre — la question ne se pose plus à cette heure.

Au surplus, si elle se posait encore ce ne serait pas sur la cause du consentement mutuel. Ce serait sur l'institution du divorce elle-même. Est-elle mauvaise, antisociale? qu'on l'abolisse. Mais si elle n'est rien de cela, si elle est au contraire nécessaire, qu'on la complète : qu'on rétablisse la clause du consentement mutuel que le législateur de 1884 a eu le très-grand tort de ne pas faire revivre, et qu'on allége cette procédure de tous les impedimenta dont l'avait entourée la loi de 1803.

L'un ou l'autre !

Ou pas de divorce !

Ou, au moins, le divorce par consentement mutuel.

Et d'abord, qu'il me soit permis de faire remarquer qu'en l'accordant, le législateur n'accordera absolument rien.

Je me rappelle à cet égard, qu'en 1880 ou 1881, lorsqu'on discutait à la Chambre la loi qui nous a valu le droit de réunion, M. Léon Renault ne cessait de répéter que les objections qu'on soulevait contre elle étaient absurdes. « Il n'y a pas un ministère, disait-il, qui osât à l'heure présente, nous refuser la faculté de nous réunir. En consentant à inscrire ce droit dans la loi, les Chambres ne feront que constater ce qui existe déjà en fait. Elles paraîtront très libérales et ne changeront en réalité absolument rien à ce qui est ».

Les paroles de mon éminent ami me reviennent toujours à la mémoire lorsque je songe au divorce par consentement mutuel.

Il existe dans les faits ; et, bien qu'il soit impossible d'en déterminer la proportion, on peut affirmer, sans crainte d'erreur, que la plus grande quantité des divorces résultent d'un accord réciproque entre les conjoints.

Cet accord ne s'affirme pas, puisque la législation s'y oppose. Mais lorsque deux époux sont bien déterminés à rompre leur union, est-il donc si difficile de faire naître les « causes déterminées » qui rendront la rupture possible?

Une fois la question réglée entre les époux, la femme abandonne la maison commune, ou le mari l'en chasse. Sommation extrajudiciaire de réintégrer le domicile conjugal ou de le laisser réintégrer — réponse violente, non seulement négative mais injurieuse — *injure grave*. Le divorce est au bout.

Et si l'injure ne suffit pas, est-ce que le mari ne pourra pas toujours devant témoins donner un soufflet à sa femme ? Excès et sévices.

Enfin, si même les magistrats sévères scrutaient les consciences, pour y rechercher l'accord, afin d'interdire le divorce là où il se justifie le mieux, ne resterait-il pas toujours l'adultère qui, lui, ne leur laisse plus aucune faculté d'appréciation morale ? Or l'adultère, dans l'état de nos mœurs, n'entraîne aucune flétrissure pour le mari ; et nous avons déjà rappelé qu'on découvrit il y a quelques années de véritables agences qui procuraient, moyennant finances, le constat nécessaire à qui en avait besoin (1).

A quoi bon de pareilles comédies ! Ne serait-il donc plus vrai que le mensonge est salissant de sa nature, et que c'est en ordre de vérité que doivent tendre à se développer les sociétés humaines, si elles ont souci de la dignité de leurs membres ?

Pour la femme et pour les enfants, dont on prétend hypocritement sauvegarder les intérêts mais qu'en réalité on sacrifie, n'est-il pas préférable de se prévaloir d'une incompatibilité de mœurs, qui laisse les deux époux intacts au point de vue de la considération publique, plutôt que de les obliger à étaler des désordres réels ou fictifs qui laissent de la boue sur les plaideurs et sur leurs familles ?

(1) J'ai lu dans les débats auxquels a donné lieu au Parlement argentin le projet de loi sur le divorce, qu'aux Etats-Unis la fraude a été poussée à un degré bien plus extraordinaire encore. A Paris les agences de faux adultères étaient simplement destinées à suppléer le consentement mutuel. A New-York c'est à rendre possible le divorce *volontaire* que la fraude s'est ingéniée. On a découvert dans cette ville des agences qui fournissaient des femmes légères dont la profession consistait à usurper le nom d'une femme mariée et à se faire prendre en flagrant délit. Le constat une fois établi, le divorce allait de soi, et le mari était déjà engagé dans une union nouvelle que sa première femme ignorait encore tout ce qui s'était passé. C'étaient là des actes criminels ; mais s'il faut en croire l'orateur argentin, ils ne paraissent pas moins s'être produits sur une assez vaste échelle et pendant un temps plutôt long.

Au lieu de les contraindre à simuler des actes déshonorants, la loi devrait, au contraire, s'efforcer d'empêcher la divulgation de faits réels, en les masquant sous la forme, soit du consentement mutuel, soit de la volonté persistante d'un seul des époux. C'est cette considération que la Convention nationale avait poussée à l'excès en supprimant les causes déterminées de divorce de son projet de Code civil.

Et c'est ce que Treilhard lui-même avait exprimé dans le passage suivant de son rapport au Corps législatif en 1803.

Citoyens législateurs, parmi les causes déterminées de divorce, il en est quelques-unes d'une telle gravité, qui peuvent entraîner de si funestes conséquences pour l'époux défendeur (telles, par exemple, que les attentats à la vie), que des êtres doués d'une excessive délicatesse préféreraient les tourments les plus cruels, la mort même, au malheur de faire éclater ces causes par des plaintes judiciaires. Ne convenait-il pas, pour la sûreté des époux, pour l'honneur des familles toujours compromis, quoi qu'on puisse dire, dans ces fatales occasions, pour l'intérêt même de toute société, de ne pas forcer une publicité non moins amère pour l'innocent que pour le coupable ?

L'honnêteté publique n'empêcherait-elle pas une femme de traîner à l'échafaud son mari, quoique criminel ? Faudrait-il aussi, toujours et nécessairement, pour terminer le supplice d'un mari infortuné, le contraindre à exposer au grand jour des torts qui l'ont blessé cruellement dans ses plus douces affections et dont la publicité le vouera cependant à la malignité publique ? L'injustice, sans doute, est ici du côté du public : mais se trouvera-t-il beaucoup d'hommes assez forts, assez courageux pour la braver ? Est-on maître de détruire tout à coup le préjugé, et ne faut-il pas ménager un peu l'empire de cette opinion quelquefois injuste, j'en conviens, mais qui peut aussi, sur beaucoup de points, atteindre et flétrir, quand elle est bien dirigée, des vices qui échappent aux poursuites des lois ?

Si le divorce pouvait avoir lieu dans des cas semblables, sans éclat et sans scandale, ce serait un bien, on serait forcé d'en convenir.

Ces arguments sont sans réplique. Seulement, le même homme, qui les développait avec cette force, maintenait au divorce par consentement mutuel des restrictions telles, qu'il était presque impossible d'en profiter.

Le consentement des parents était requis comme celui des conjoints, et devait être comme celui-ci, quatre fois reproduit.

La liquidation de la fortune résultait de ce mode de divorce, et celle-ci passait *ipso facto* par moitié sur la tête des enfants.

Les époux divorcés ne pouvaient contracter de nouveau mariage qu'après un délai de trois ans.

Enfin le consentement mutuel n'était pas admis lorsque le mariage avait *moins de deux ans* ou *plus de vingt ans* d'existence, et lorsque la femme avait dépassé sa quarantième année.

Est-ce donc qu'une femme, dont le mari a attenté à la vie six mois après son mariage, serait moins intéressante que si elle était mariée depuis deux ans ? et serait-elle moins arrêtée par cette *honnêteté publique qui l'empêche de traîner son mari sur l'échafaud ?*

Les réacteurs qui rédigèrent le Code Napoléon — comme le dit justement Emile Acollas, c'est bien le sien et il mériterait de conserver ce nom — ne laissaient subsister le divorce par consentement mutuel que pour rendre un hommage platonique à un principe qu'on ne pouvait pas répudier — on était encore trop rapproché de la Révolution. — En réalité, ils le supprimaient ; l'exemple, que nous avons donné plus haut, de la Belgique, où l'on n'y recourt presque jamais, en est la preuve la plus démonstrative.

Si M. Jules Ferry avait laissé le projet primitif de la Chambre et de la Commission sénatoriale passer dans la législation, on n'y recourrait pas davantage ; et les faux abandons, les fausses désertions du domicile conjugal, les sévices simulés, et les agences d'adultères fictifs fonctionneraient tout aussi bien que sous l'empire de notre législation actuelle.

Il faut savoir ce que l'on veut, et le vouloir. Veut-on moraliser le divorce en en éliminant toutes les petites combinaisons salissantes, et, dans ce but, se décide-t-on à rétablir la cause du consentement mutuel, il faut le rétablir assez large pour qu'il devienne possible d'en user.

Que l'on exige, ainsi que le demandent MM. Paul et Victor Margueritte, et que M. Henri Coulon le proclame nécessaire, un délai d'un an pour éviter qu'une union ne soit rompue sous le coup d'une colère irréfléchie, rien à objecter. Mais la loi ne doit pas aller au-delà. Qu'elle oblige les époux à réfléchir à la gravité de leurs actes ; qu'elle empêche un mariage d'être brisé à la suite d'un incident sans portée, soit ! mais en allant plus loin, la société outrepasserait son droit, et irait contre son but. La loi qu'elle ferait serait caduque avant de naître, et les choses resteraient telles qu'elles sont aujourd'hui.

Je n'insiste pas du reste. Relativement au consentement mutuel, à peu près tous les partisans du divorce sont d'accord. Les convictions sont faites. Sur ce point, les frères Paul et Victor Margueritte, M. le président Magnaud, M. Henri Coulon, sont certains d'avoir gain de cause.

Mais il reste la partie fondamentale du débat, le divorce unilatéral sans cause déterminée, que j'ai hâte d'aborder et dont l'étude va faire l'objet du chapitre suivant.

CHAPITRE XI

DU DIVORCE UNILATÉRAL SANS CAUSES DÉTERMINÉES

Nous arrivons au point culminant de notre discussion.

Les idées que nous avons exprimées jusqu'ici ne sont plus guère contestées que par les adversaires déclarés du divorce.

Il n'en est plus de même lorsqu'il s'agit d'autoriser la dissolution du mariage sur la volonté persistante d'un seul des époux, malgré les résistances de l'autre.

On en est là — à peu de chose près — en Suisse et dans certaines parties des États-Unis ; mais sans franchise, subrepticement, grâce à des textes vagues où les magistrats ont puisé la faculté d'élargir la loi par voie d'interprétation, et peut-être, parce que le législateur n'a pas complètement prévu les résultats. Jamais une conception aussi élevée n'a été proclamée hautement dans un texte, si ce n'est pendant notre période révolutionnaire. Jamais, depuis lors, la question n'a été discutée dans une assemblée politique ; et je ne crois pas, qu'en dehors de la proposition que je déposai en 1876 et qui ne vint pas à l'ordre du jour, elle y ait jamais été même posée.

Les lois de la Révolution furent, au contraire, précises et formelles. Celle du 20 septembre 1792 portait dans son article 3 :

« L'un des époux peut faire prononcer le divorce sur la simple allégation d'incompatibilité d'humeur et de caractère ». La procédure selon laquelle devait être mise en pratique cette disposition, était réglée par les articles 8, 9, 10, 11, 12, 13 et 14. Je crois inutile d'en reproduire les détails. Je me borne à signaler que le demandeur devait comparaître trois fois en personne, à deux mois d'intervalle, devant une assemblée de parents ou d'amis constituant une sorte de tribunal arbitral, et que si, après ces six mois écoulés, la conciliation ne se produisait pas, le divorce était de droit.

Le Code civil de la Convention n'alla pas plus loin en fait, car la simple allégation d'incompatibilité d'humeur et de caractère, sans autre indication de motifs, équivaut bien à la simple volonté persistante d'un seul des époux ; mais comme affirmation philosophique, il était plus net encore et plus complet.

C'est à Cambacérès qu'était échu le rapport sur le projet de Code civil. Cambacérès devint, hélas ! plus tard prince archichancelier de l'Empire. Mais alors le souffle révolutionnaire l'animait. Son rapport fut présenté à la Convention nationale le 9 avril 1793 au nom du Comité de législation. La partie qui a trait au divorce vaut d'être reproduite.

Elle est de nature à nous affliger, sans doute, car elle nous permet de mesurer le chemin rétrograde que nous avons parcouru pendant le siècle qui nous sépare de cette radieuse époque. Mais elle constitue en même temps, dans sa brièveté, un document admirable qui réconforte et marque la voie.

Le pacte matrimonial, disait Cambacérès, doit son origine au droit naturel ; il a été perfectionné et fortifié par les institutions sociales ; *la volonté des époux en fait la substance ; le changement de cette volonté en opère la dissolution ;* de là le principe du divorce, *établissement salutaire* longtemps repoussé de nos mœurs par l'effet d'une influence religieuse, et qui deviendra plus utile par l'attention que nous avons eue de simplifier la procédure qu'il nécessite et d'abréger les délais qu'il prescrit.

Les conventions matrimoniales subsistent par la volonté des parties ou par l'autorité de la loi.

La volonté des contractants est la règle la plus absolue ; elle ne connaît d'autres bornes que celles qui sont placées par l'intérêt général. Ainsi, les époux ne peuvent, dans le pacte matrimonial, ni éluder les mesures arrêtées pour opérer la division des fortunes, ni contrevenir au principe qui a consacré l'égalité dans les partages... etc., etc.

Le divorce paraissait alors si salutaire, et il était si peu contesté, que Cambacérès, en rapportant le projet de loi qui en réglait les conditions et les effets, procédait par voie d'affirmation.

Le projet de décret portait :

TITRE PREMIER

DISPOSITIONS GÉNÉRALES

Art. 4. — Les mariages, naissances, divorces, adoptions et décès sont constatés dans les registres publics.

TITRE II

DU MARIAGE

Art. 2. — Le mariage peut être dissous par la seule volonté persévérante des époux.

TITRE III

Art. 5. — La loi défend aussi de stipuler aucune restriction à la faculté du divorce.

TITRE VI

DU DIVORCE

§ 1er. — *Dispositions générales.*

ARTICLE PREMIER. — Le mariage se dissout par le divorce.

ART. 2. — Le divorce a lieu par le consentement mutuel des deux époux ou par la volonté d'un seul.

§ 2. — *Mode du divorce.*

ART. 3. — Le mari et la femme qui demanderont conjointement le divorce, seront tenus de faire convoquer un conseil de famille composé de six de leurs parents.

Trois d'entre eux seront choisis par le mari, les trois autres le seront par la femme, et, à leur défaut, ils seront remplacés par des amis ou des voisins.

ART. 4. — Le conseil de famille aura lieu devant un officier public, il sera convoqué à jour fixe, quinzaine au moins après la notification de la demande.

ART. 5. — Les époux se présenteront devant le conseil de famille ; ceux qui le composeront leur feront les représentations qu'ils jugeront convenables.

Si les époux persistent, ils pourront, *quinze jours après*, présenter le procès-verbal du conseil de famille à l'officier public qui *prononcera le divorce.*

ART. 6. — SI LE DIVORCE EST DEMANDÉ PAR UN SEUL DES ÉPOUX, il notifiera à l'autre sa demande et convoquera le conseil de famille.

ART. 7. — Si les époux se rendent au conseil de famille et si celui qui demande le divorce ne change pas de dessein, il en sera fait mention dans le procès-verbal, et quinze jours après, sur la présentation de cet acte, l'officier public prononcera le divorce.

Art. 8. — Si l'époux contre lequel le divorce est demandé, n'a pas paru, ni personne de sa part, au conseil de famille, l'officier public nommera pour lui des parents; et, après avoir notifié cette nomination, il sera indiqué, quinze jours après, une nouvelle assemblée du conseil; l'époux sera invité à s'y trouver.

Art. 9. — Dans tous les cas, il sera fait par le conseil de famille de nouvelles représentations à l'époux qui avait demandé le divorce; si elles n'ont aucun effet, le procès-verbal en fera mention.

Sur le vu de cet acte, le divorce sera prononcé sur le champ.

. . . .

Ce projet n'est jamais devenu loi de l'Etat, les événements n'ayant pas permis à la Convention de compléter son œuvre. Mais il a été discuté par l'Assemblée, et les principes qui précèdent n'y ont pas été combattus. Les délibérations ont porté sur des questions de procédure, sur l'utilité d'admettre ou de ne pas admettre la faculté pour les époux d'alléguer des causes déterminées, jamais sur le principe même que le divorce doive être de droit lorsque l'un des conjoints l'exige.

A la Législative, en 1792, une opposition s'était produite, celle de Sedillez.

Il s'appuyait sur ce que, quand un contrat a été accepté par deux personnes agissant en pleine liberté, il ne saurait être loisible à une seule de le rompre sans motifs sérieux, la résiliation ne pouvant résulter que du consentement des parties, de l'inexécution par l'une d'elles des clauses acceptées, ou de certaines conditions prévues par le contrat lui-même.

Ducastel, dans la séance du matin du jeudi 3 septembre 1792, refuta Sedillez ; et ici, comme plus tard dans le rapport de Cambacérès, on est frappé du caractère affirmatif que prend la discussion. Les idées de liberté avaient à ce point conquis tous les auteurs de ce grand drame que fut la Révolution française, qu'on jugeait inutile d'invoquer des arguments. M. Ducastel s'exprima ainsi :

Le seul point de contradiction qui existe entre le projet du Comité et celui de M. Sedillez, c'est que le Comité propose de permettre le divorce sur la demande d'une seule des parties, pour cause d'incompatibilité. Un caprice suffira, dit-on, pour que le divorce soit prononcé. Nous avons remédié, autant qu'il est possible, à cet inconvénient, en privant de quelques avantages la partie qui demandera le divorce et en la condamnant aux dommages. *Mais il est impossible de ne pas le permettre* parce qu'une femme peut avoir à se plaindre d'injures graves, dont elle rougirait peut-être d'alléguer les preuves, vous ne devez pas la réduire à dévorer ses larmes. La loi doit, en ce cas, lui accorder faveur, et c'est ce qui a déterminé l'avis de votre Comité.

Et sans plus de débats, l'assemblée vota la rédaction de son comité aux applaudissements des tribunes.

A la Convention, le projet du comité proposait de laisser à l'époux demandeur en divorce la faculté d'exciper de causes déterminées. La discussion s'engagea le 29 août 1793.

Lacroix demanda que l'incompatibilité de caractère, qui résume en lui tous les autres motifs, fût substituée à ceux dont l'article 11 du projet renfermait la nomenclature. Il proposait de rédiger ainsi cet article :

« Le divorce a lieu par le consentement mutuel des deux époux, ou par la volonté d'un seul, s'il allègue l'incompatibilité de caractère. »

Mailhe. — « Je m'oppose à cette addition. Je ne veux pas que l'on oblige les époux à entrer dans des explications qu'ils voudraient tenir secrètes. »

Thuriot. — « Je trouve qu'en déclarant la simple incompatibilité, toute la décence, en pareil cas, est conservée ; et qu'au contraire, en conservant l'article 11, on exigera des explications que les mœurs et l'intérêt des familles ne permettent pas toujours de donner. »

Lacroix. — « J'ajoute à ces considérations que la simple volonté est despotique, et qu'il vaut mieux qu'on allègue l'incompatibilité pour couvrir tous les motifs secrets. »

Dumont. — « J'observe que ce serait les obliger souvent à mentir, parce que la compatibilité des humeurs peut exister entre des époux que des vices constitutionnels et physiques empêchent de vivre ensemble. La simple volonté couvre encore mieux tout cela. »

Après que Camille Desmoulins, le rapporteur Cambacérès, Mailhe, Poulin-Grandpré, Génissieux, et de nouveau Thuriot et Lacroix eurent pris la parole, la Convention rejeta l'article 11 et décida que la simple volonté suffirait, sans qu'il fût en aucun cas besoin d'exciper de causes déterminées ou même d'alléguer une incompatibilité d'humeur et de caractère.

Personne — pas plus ceux qui inclinaient à conserver le texte de 1792 que ceux qui l'avaient repoussé — ne mettait en doute le droit absolu qu'ont les époux, qu'ils soient ou non en mesure d'alléguer des motifs, de briser à leur gré une union devenue insupportable.

Nous arrivons ainsi à la fin de ce que j'appellerai la période ascendante de la Révolution, sans qu'aucune contestation se soit élevée sur ce point en dehors de l'intervention de Sedillez citée plus haut.

Les récriminations générales ne commencent à se produire qu'après le 9 thermidor, lorsque la Convention, décimée, est entrée dans une voie de réaction. Elles restent d'ailleurs sans effet. Ce n'est qu'au Conseil des Cinq-Cents, à la séance du 24 brumaire an V, que Reynaud (de l'Orne) s'attaqua nettement à la disposition qui autorisait le divorce pour incompatibilité d'humeur et de caractère.

La question revint devant le Conseil le 27 brumaire, le 11 frimaire et le 20 nivôse an V. Favart présenta ce jour-là, au nom d'une commission spéciale, un projet tendant à suspendre la clause d'incompatibilité jusqu'à la promulgation du Code civil.

Le 20 pluviôse le projet de suspension fut mis en discussion, et finalement il fut repoussé. Tout l'effort des réacteurs vint se briser contre l'esprit républicain qui dominait encore les Conseils, et tout ce qu'ils purent obtenir fut d'allonger un peu les délais admis par la loi de 1792 et de les porter de six mois à un an. Il fallut aller jusqu'au consulat pour assister à la réalisation de l'œuvre de réaction véritable : cette loi de 1803, dont cependant 81 ans plus tard le rétablissement marqua un si réel progrès.

Au cours de la séance du 4 pluviôse an V, Darracq avait prononcé au Conseil des Cinq-Cents un discours qui, à plus d'un siècle de distance, demeure encore le plaidoyer le meilleur que l'on puisse produire en faveur d'une disposition législative, accordant à chacun des époux le droit d'obtenir le divorce par le seul fait de sa volonté persévérante.

Parlant du projet de suspension, il s'exprimait ainsi :

« Vous ne le ferez pas, vous êtes trop sages pour le vouloir; j'ajoute que vous ne le pouvez pas.

« On a trouvé extraordinaire qu'un de nos collègues ait prétendu que les dispositions de l'article 15 de la Déclaration des Droits y était un obstacle, et je dis qu'il avait raison.

« Tout homme peut engager son temps et ses
« services, mais il ne peut se vendre, ni être
« vendu; sa personne n'est pas une propriété
« aliénable. »

« Voilà les dispositions de l'article cité.

« Or, si l'un des époux n'avait pas le droit de quitter l'autre, dans les formes prescrites par la loi, lorsque son union lui est insupportable, que serait le mariage, sinon *l'aliénation mutuelle de leurs personnes ?*

« Y a-t-il, conçoit-on, une union plus détestable, plus dangereuse, pour des êtres raisonnables et sensibles, pour la société générale elle-même, que cette union qui n'existerait que par la cohabitation de deux individus dont les cœurs se repousseraient ? C'est le supplice affreux dont vous a parlé le rapporteur, c'est l'union d'une personne vivante à un cadavre.

« J'ai une autorité à opposer à la suspension qu'on vous demande.

« Y a-t-il quelqu'un qui puisse se flatter d'être tellement le maître de son cœur, qu'il puisse lui commander à volonté, l'amour, la haine, l'indifférence ou l'amitié? Pour moi, je conçois qu'on peut bien réprimer les saillies de toutes ces affections, et en prévenir l'explosion ; mais je soutiens qu'on n'est pas le maître, qu'il est au-dessus des forces humaines de demeurer indifférent, d'aimer ou de haïr à volonté ; on n'a donc pas pu contracter l'engagement d'aimer éternellement, d'aimer toute sa vie. (*On rit.*)

« Et ici s'applique tout naturellement, pour renforcer l'argument pris de l'article 15 de la Déclaration des Droits, l'article 352 de la Constitution.

« Le peuple français vous y déclare, déclare à l'univers, que « *la loi ne reconnaît ni vœux religieux, ni* AUCUN ENGAGEMENT CONTRAIRE AUX DROITS NATURELS DE L'HOMME. »

« Et quel engagement, je le demande, est plus contraire aux DROITS NATURELS DE L'HOMME, que celui que nous contracterions d'aimer toujours la même personne (*murmures*), dès qu'il n'est pas plus en notre pouvoir d'aimer que de haïr ou de demeurer indifférent.

« Nous ne pouvons donc pas être supposés avoir contracté l'engagement d'aimer toujours, de demeurer toujours unis au même individu, de toujours confondre nos goûts, nos volontés, de ne jamais faire tous deux qu'une même personne, d'être constamment *duo in carne una* ; ce serait nous replonger dans les erreurs sacerdotales dont nous sommes heureusement sortis.

« Et cependant, si nous l'avons contracté, cet engagement absurde et ridicule, la Constitution qui le réprouve ne veut pas que la loi qui garantit l'exécution de tous les contrats protège celui-là. »

. . . .

. . . .

. . . .

Cette remarquable harangue, que n'auraient pas supportée la Chambre et le Sénat de 1884, mais qu'on supporterait maintenant grâce aux progrès réalisés depuis dix-huit ans dans les esprits, provoqua à peine en 1797 les quelques rires et les quelques murmures signalés dans le compte rendu officiel, et elle sauva la loi de 1792.

Les arguments de ce discours ont conservé toute leur valeur à l'heure présente. L'article 352 de la Constitution de l'an III est considéré par la jurisprudence comme toujours en vigueur, et les principes qui y sont proclamés, comme ceux de la Déclaration des Droits, ont été envisagés jusqu'ici comme la base de toutes nos lois fondamentales, même de la Constitution de 1852 qui, en les abolissant en fait, ne pouvait s'empêcher de leur rendre un hommage hypocrite.

Nous ne saurions, en effet, nous lasser de le répéter. A supposer que, contrairement à l'opinion d'Émile Acollas, le mariage doive être considéré comme un contrat, c'est un contrat d'une nature spéciale.

Les engagements qui obligent corporellement la personne des contractants, et que M. de Flotte a justement appelés des contrats personnels, sont nuls d'après notre droit moderne, ou, tout au moins, ne peuvent être résolus que sous la forme de dommages-intérêts. Un homme loue ses services pour 10 ans et s'en va au bout de 48 heures : on est en droit de lui intenter une action en dommages-intérêts ; il peut être obligé — s'il en a les moyens — à réparer pécuniairement les dommages causés par son manquement aux stipulations consenties ; mais il ne peut être contraint à demeurer et à rendre en personne les services qu'il s'était engagés à rendre.

Or, le mariage est un contrat personnel, et il doit dès lors pouvoir se résoudre non seulement par consentement mutuel, non seulement pour des motifs déterminés, mais encore par la volonté persistante de l'un des époux.

Et nous avons raisonné dans l'hypothèse où le mariage serait un contrat. Si, conformément aux idées de M. Acollas, c'est une simple association entre des êtres libres et égaux, la question ne se pose même pas.

Le mariage, il ne faut pas l'oublier, entraîne, pour parler le langage juridique, *l'obligation de faire.* Et cette obligation de faire est d'une nature telle que les casuistes et les légistes sont obligés de parler latin pour en préciser l'objet. Il l'appellent le *debitum conjugale.*

Cette fois, dit Emile Acollas, je ne reprocherai pas aux théologiens et aux légistes de manquer de logique ; je reconnais, au contraire, que c'était bien à ceux qui professent que le mariage a pour but la satisfaction régulière des appétits sensuels, qu'il appartenait d'inventer le *droit à la copulation entre époux.*

Ainsi donc, le droit à la copulation, ô honte de nos sociétés prétendues civilisées, dégradation que ne connaissent ni les peuplades les plus sauvages, ni les animaux les plus bas placés dans l'échelle, le droit à la copulation, *le droit au viol entre époux*, c'est donc là que l'enseignement chrétien nous a conduits (1) !

C'est la même idée que j'exprimais en 1881 en ces termes :

> Je suis pour la solution la plus large relativement au divorce, par la raison que plus on multiplie les entraves à la faculté de divorcer et plus on se rapproche de la loi actuelle, en diminuant d'autant les heureux effets que la loi du divorce ne peut manquer d'apporter. Je suis pour la solution la plus large, parce que j'ai au plus haut degré le respect de la liberté individuelle, et que je ne saurais admettre, en aucun cas, *que la loi puisse contraindre les citoyens corporellement dans un ordre de choses où, en dehors de la libre volonté, il n'y a plus que dégradation, immoralité révoltante* (2).

Ainsi, au point de vue de la doctrine, pas de doute possible. Il suffit que l'un des époux entende rompre le lien conjugal pour que la rupture soit de droit. Ce lien est de ceux qui ne peuvent être imposés à un être humain malgré lui.

On nous objecte que la rupture du mariage par la volonté non motivée d'un seul des époux n'est plus un divorce, mais une répudiation. Et après ? Allons-nous nous épouvanter d'un mot? La répu-

(1) Acollas, loc. cit., p. 60 et 61.

(2) A. Naquet. *Le Divorce*. — 2e édition 1881, Dentu, éditeur ; p. 250, 2e paragraphe.

diation, telle qu'elle était pratiquée à Rome ou qu'elle l'est en Orient, est une institution exécrable parce qu'elle constitue une infériorité, une inégalité de droits, un demi-esclavage pour la femme. Le divorce unilatéral, ou comme l'appelle le docteur Toulouse, le *divorce volontaire*, est réciproque ; il confère aux deux sexes des droits égaux. Ce n'est plus la subordination du faible au fort qu'il consacre, c'est le droit intangible, inaliénable, imprescriptible de la liberté humaine dont il est la plus haute affirmation.

D'ailleurs, si l'on avait peur d'un mot, il faudrait reculer devant les principes de la loi de 1884. Le divorce pour causes déterminées, en effet, lorsqu'il est imposé à un époux qui y résiste, est aussi une forme de répudiation. Or, cette répudiation est si peu discutée, que c'est la forme sous laquelle le divorce compte le plus grand nombre de partisans et a pu être rétabli en France.

Et ici intervient, à côté des moyens juridiques que j'ai invoqués en faveur de la thèse du divorce facultatif, un argument pratique dont il me paraît difficile de contester la valeur.

Les causes fixées par la loi comme pouvant entraîner la dissolution du mariage, ne sont pas toujours susceptibles de preuve.

Un époux qui fera subir à l'autre les plus mauvais traitements, les avanies, les outrages, les injures, mais qui réservera cette attitude pour le tête à tête, et qui en, présence des tiers, amis ou domestiques, se montrera toujours réservé, aimable, affectueux, quelqu'odieux qu'il soit dans son intimité, deviendra irréprochable aux yeux des tribunaux.

Et que de cas où cette retenue, cet empire sur soi-même de l'un des conjoints n'est pas nécessaire pour rendre complètement impossible la preuve de faits qui, s'ils étaient établis, seraient considérés comme causes péremptoires de divorce!

Dans beaucoup de législations, celle de la Prusse, par exemple, l'impuissance survenue postérieurement au mariage est un motif de cet ordre.

Il est cependant très rare qu'elle puisse être médicalement démontrée — je passe d'ailleurs sur ce qu'a de révoltant l'allégation obligée d'un tel motif et l'intervention officielle de la société dans les secrets d'alcôve. — Sur quoi se fondera donc le juge pour prendre une décision dans un procès semblable, si l'époux défendeur refuse soit de consentir au divorce, soit de se déclarer impuissant, et si les hommes de l'art sont incapables d'apporter une affirmation? Il sera forcé de débouter le demandeur : dans cette circonstance, comme dans celle des sévices habilement masqués sous une déférence apparente, l'époux, dont les griefs seront de ceux que la loi admet, sera inapte à en bénéficier.

Et si l'un des époux a attenté à la vie de l'autre, à plusieurs reprises, par jalousie ou par convoitise ; si, d'ailleurs, mû par une passion ardente dans le premier cas, par des intérêts sordides dans l'autre, il refuse de consentir au divorce, son conjoint sera-t-il en situation de faire la preuve exigée de lui ? Si même il en a les moyens, se trouvera-t-il moins placé dans cette alternative cruelle signalée par Treilhardt, de courir les plus grands dangers, ou de livrer le père ou la mère de ses enfants à la rigueur des tribunaux ? Une loi qui édicte des droits positifs, mais qui en subordonne l'usage à la démonstration de certains faits, est une loi mal faite. Elle empêche souvent les intéressés de profiter des dispositions qui les concernent ; elle livre au hasard la liberté, la vie, l'honneur des citoyens.

Dira-t-on qu'en toute chose la preuve est nécessaire ? Ce serait une erreur. Elle n'est obligatoire qu'au point de vue pénal, parce qu'ici la condamnation d'un innocent est un crime social que ne compense pas l'impunité de mille coupables. Mais le divorce n'est point une pénalité.

Je sais bien que certains extracteurs de quintessences juridiques sont portés à lui attribuer ce caractère. J'ai eu l'occasion en 1882 de voir se produire cette opinion à la Commission de la Chambre qui était chargée d'examiner ma troisième proposition de loi.

Si une telle opinion était soutenable, je comprendrais l'obligation de la preuve. Dans le cas où celle-ci ne serait pas faite, on dirait que le coupable échappera, comme échappe un criminel qu'on n'a pas réussi à convaincre de son crime. Mais il ne s'agit point d'un criminel à frapper ou d'un innocent à libérer. Ici l'argument se renverse, et exiger une preuve, c'est favoriser l'oppression.

Enfin, il est des circonstances, comme celle que M. Hervieu a mise sur la scène dans les *Tenailles* où, dans le simple but de conserver une fortune, un époux condamne l'autre à l'esclavage conjugal.

Devant toutes ces situations, la raison se révolte, la conscience s'indigne, l'honnêteté proteste.

Mais si probants que soient ces motifs, n'y en a-t-il pas d'autres d'un poids au moins égal en sens inverse ?

Et nous voyons se dérouler la série des arguments que les ennemis du divorce ne cessent d'opposer à quiconque défend cette institution limitée ou élargie : l'intérêt de la femme, l'intérêt des enfants, l'intérêt des mœurs. On y ajoute une raison de sentiment par laquelle je commencerai la réfutation de cette antienne.

L'un des époux qui n'aime plus, nous dit-on, ne saurait être autorisé à jeter le désespoir dans l'âme de l'autre époux qui aime encore.

Sur ce premier point, je me bornerai, aujourd'hui, comme en 1881 (1), à répondre par la citation d'un remarquable passage du livre « *Le Divorce* » de M. Léon Richer.

Le devoir veut qu'un homme, qu'une femme à qui répugnent les obligations conjugales, ne restent pas soumis honteusement aux *servitudes* (ce ne sont plus que des servitudes) qu'impose forcément la cohabitation. Et je parle, en m'exprimant ainsi, non seulement au nom du devoir moral, mais encore au nom du devoir religieux.

J'ajoute que je parle au nom de la pudeur.

Si quelqu'un ose me contredire sur ce dernier point, je me charge de lui répondre !

Mais j'entends formuler une autre objection ; celle-là, je l'avoue, m'émeut et me touche.

C'est toujours du devoir qu'il s'agit, mais du devoir entrevu sous un autre aspect.

Deux jeunes époux se sont liés l'un à l'autre, ils ont

(1) *Le Divorce*, 2e édition, 1881. Dentu, éditeur, p. 258 et suiv.

consenti librement, volontairement, une union basée tout à la fois sur les convenances et leur mutuelle affection ; ils se plaisaient, ils s'aimaient. L'un d'eux peut-il donc, plus tard, sous prétexte d'autonomie, de dignité, de respect de soi, exiger une rupture qui peut-être va jeter le désespoir dans l'âme de celui qui continue toujours d'aimer ?

Oui ! répondrai-je.

Pas plus, entendez-vous bien, que vous n'êtes tenu, par bonté de cœur, d'épouser l'homme ou la femme qui vous aime, mais que vous n'aimez pas, je ne vous regarde pas comme obligé de rester la femme ou le mari de l'être que vous avez cessé d'aimer, — que vous haïssez peut-être !

Est-ce que vous tenez compte, avant le mariage, de cette délicate question de l'amour non partagé ? Vous jetez-vous généreusement dans les bras de la personne qui vous aime, pour lui éviter les larmes ? Non : vous détournez la tête, si vos affections vous portent ailleurs, et vous ne vous croyez pas bien cruel pour cela.

La réponse peut paraître fort dure, je ne me le dissimule pas ; mais qu'on veuille bien y réfléchir et l'on verra qu'au fond j'ai raison. Mon esprit se refuse à comprendre qu'un époux malmené par l'autre (la désaffection ne vient guère sans que des causes sérieuses l'aient amenée), ou même un époux qui n'aime plus — qui aime ailleurs, si vous voulez — soit contraint de se sacrifier au bon plaisir de son conjoint ; c'est, il me semble, pousser un peu loin le dévouement et l'abnégation.

Je ne vois guère ce qu'on peut répondre à une argumentation si serrée.

L'amour seul ôte aux relations sexuelles leur

caractère de brutalité et de débauche ; seul, il les moralise, et les élève.

Dès qu'un homme se donne à une femme ou une femme à un homme sans amour, avec un sentiment de répulsion, alors même que l'acte est un acte de dévouement, il y a prostitution, dégradation.

Aucun homme délicat n'accepterait qu'une femme lui dit : « Je ne t'aime pas, j'en aime un autre ; mais, puisque tu m'aimes, je me sacrifie et je me livre à toi pour t'éviter une souffrance ». Cet abandon sans amour lui occasionnerait une douleur mille fois plus grande que la non-satisfaction de sa passion.

Pas plus que M. Brisson en 1881, je ne voudrais cependant me montrer plus intransigeant que je ne suis.

Je n'irai pas jusqu'à prétendre que tout rapport sexuel doive être tenu pour licencieux qui n'a plus pour justification l'enivrement des premiers jours.

L'amour, en s'estompant dans l'habitude, se transforme insensiblement en un sentiment nouveau et imprécis qui apporte avec lui le principal élément de bonheur durable.

Si donc un époux, chez lequel l'attrait primitif se sera éteint plus vite que chez l'autre, mais qui n'aime pas ailleurs et pour lequel l'acte amoureux n'est pas une douloureuse corvée, consent de lui-même, par amitié pour l'être auquel il est uni, par considération de l'unité familiale, à continuer des relations auxquelles, personnellement, il préférerait mettre un terme, je n'y vois certes aucun inconvénient. Bien au contraire : pour le calme de l'esprit, le travail, la production intellectuelle, une telle situation est peut-être préférable aux violences de la passion.

Il y a toutefois un abîme entre ce dévouement imposé par le cœur, et celui qui le serait par la loi. En pareille matière, toute obligation légale est une honte. Cette honte, hélas! nos cerveaux façonnés par l'idée biblique, par l'enseignement judéo-chrétien l'acceptent sans protestation. Mais un esprit affranchi, libre de préjugés et vraiment moral, ne saurait trop énergiquement la repousser.

Les adversaires de la liberté humaine reprennent : vous livrez la femme à toute la brutalité de l'homme. Le mari, après avoir abusé de sa compagne, après l'avoir rendue mère, la rejettera — qu'on me permette cette expression commerciale (hélas! trop en harmonie avec les usages matrimoniaux de notre époque) — dépréciée sur le marché.

On nous tenait aussi ce langage en 1881, et c'était là le principal argument de M. Henri Brisson.

Nous répondions alors que c'était se faire une idée quelque peu pessimiste de l'humanité que de considérer tous les hommes comme dénués de cœur, et comme prêts à toutes les forfaitures s'ils ne sont pas constamment retenus par la loi.

Nous ajoutions que pour la femme, unie à un bandit comme ceux dont on nous faisait les portraits, mieux vaut l'union brisée que le maintien de la chaîne qui la rive à un tel être.

Nous faisions également valoir qu'aucune action légale ne peut empêcher un mari d'abandonner sa femme, là surtout où il n'y a pas de fortune et où, par suite, une garantie serait le plus souhaitable.

Le docteur Toulouse, dont je suis heureux de pouvoir constater l'adhésion à la pétition des frères Margueritte, reproduisait ce dernier argument avec une grande force dans le numéro du *Journal* du 19 janvier 1903 :

D'ailleurs, disait-il, comment empêcher le départ du mari hors du foyer, — ce qui est le malheur économique de l'épouse ? En cela, la suppression même du divorce n'aurait aucun effet. Dans mon service, à Villejuif, j'ai toujours été frappé du nombre des femmes qui ont été abandonnées par leurs maris. C'est que, dans la classe populaire, on s'inquiète peu des lois nuptiales, et, les intérêts n'étant pas importants, on se quitte plus facilement qu'on ne s'est pris.

Je regrette que M. le docteur Toulouse qui, dans le même article, essaie de faire un dénombrement comparatif des unions légitimes et illégitimes, n'ait pas recherché si c'est dans les premières ou dans les secondes que l'abandon de la femme par le mari est le plus fréquent. Je ne le sais pas plus que lui, mais je ne serais pas surpris qu'il le fût beaucoup moins dans les mariages libres que dans les mariages réguliers. — Je me sers du mot mariages libres pour éliminer de ce parallèle les rapprochements purement accidentels.

L'objection de l'intérêt de la femme n'a donc jamais eu aucune valeur. En 1884, comme à l'heure présente, la moindre réflexion permettait d'en faire justice. Mais au moment où j'écris, la question s'est encore simplifiée.

Les larmes de crocodiles, répandues sur le sort de ces *malheureuses* dont la liberté serait la perte, me rappellent les prétendus négrophiles qui, avant la guerre de la sécession en Amérique, défendaient l'esclavage par amour des nègres. Que deviendraient ces pauvres esclaves si on leur accordait la liberté ? Ils seraient incapables de travailler, de se régir eux-mêmes : ils périraient misérablement.

Les esclaves ont victorieusement répondu à ces raisonnements de biblistes, et les femmes en ont fait autant depuis la loi de 1884.

M. Louis Legrand l'a constaté — et nous y avons insisté en discutant ses statistiques — : ce sont surtout les femmes qui réclament le divorce ; et cela, malgré le catholicisme qui exerce sur elles un plus grand empire que sur leurs maris, et qui en retient encore un grand nombre.

Ce point n'a pas échappé au docteur Toulouse, non plus que la nuptialité plus forte chez les divorcés que partout ailleurs. Voici comment il s'exprime à cet égard :

> Nous pouvons voir que, en 1898, sur 9.251 divorces prononcés par les tribunaux (1) en France, 5.485, soit 60 pour cent, l'ont été à la requête des femmes. On ne peut donc pas être plus féministe qu'elles. Elle ne sont, d'ailleurs, pas embarrassées pour se remarier, et trouvent même des maris plus facilement que les filles de leur âge.

Il est peut-être bon de remarquer, dans le même

(1) Ce chiffre est erroné. Il est de 9521 et ne représente pas les divorces accueillis, mais les divorces demandés. Le nombre des demandes accueillies en 1898 a été de 8100.

ordre d'idées, que l'élargissement de la loi de 1884 n'a cessé d'être réclamé par les Congrès féministes. J'ajoute que depuis que MM. Paul et Victor Margueritte ont entrepris leur belle campagne, personnellement je recommence à recevoir des lettres par lesquelles on m'engage à me mêler au mouvement et que ce sont jusqu'ici des femmes qui me les adressent pour la plupart.

Si donc c'est surtout les femmes qui réclament le divorce devant les tribunaux et qui aspirent à une loi plus libérale, c'est que c'est elles aussi qui doivent en retirer les plus grands avantages.

Qu'on ne nous fatigue donc plus avec des sanglots convenus et des craintes hypocrites! Comme le philosophe antique démontrait le mouvement en marchant, les femmes en divorçant, en reconquérant leur liberté, en faisant appel à une législation plus large, ont confondu les légistes de sacristie qui prétendaient les protéger contre elles-mêmes.

Sur ce point le débat est clos.

Mais les enfants! Là encore je reproduirai la citation qu'en 1881 j'ai empruntée de M. Léon Richer (1) :

Soit, dira-t-on, une femme ne doit rien au mari qui la maltraite ou qu'elle n'aime plus ; un mari ne doit rien

(1) *Le Divorce*, p. 260. dernier paragraphe.

à la femme qui lui rend la vie commune odieuse ou seulement insupportable; mais n'y a-t-il pas pour vous, dans certaines circonstances, obligation morale de supporter les inconvénients d'un ménage mal assorti, pour sauver de l'abandon et de l'isolement les enfants que vous avez mis au jour ? Vous êtes père, vous êtes mère, vous devez bien quelque chose au petit être innocent qui tient de vous la vie. Dégagé de toute obligation à l'égard des autres, vous ne l'êtes pas au même degré vis-à-vis de lui. Votre tâche, tâche sacrée! est de l'élever. Ici le devoir est impérieux, il n'admet pas de restrictions. Tant qu'il n'est pas rempli, vous ne vous appartenez pas.

Voici ma réponse :

Si les obligations de la parenté sont grandes, ce que je ne nie pas, vous n'avez à vous préoccuper que d'une chose : la manière dont je les remplirai. Pourvu que je ne déserte pas la tâche qui m'incombe, le droit que je possède, et que vous ne pouvez me contester, de disposer de mes affections et de ma personne, reste entier. Il ne faut pas, sous prétexte du droit de l'enfant, annuler le droit du père, fouler aux pieds celui de la mère. Un droit en vaut un autre. Et si l'enfant est garanti, la société n'a rien à demander de plus.

Nous nous devons à nos enfants, mais nous nous devons aussi à nous-mêmes.

Sauvegarder ces deux droits, voilà tout le problème.

Mais il serait mauvais, il serait immoral que l'un étouffât l'autre.

Le droit du père est égal au droit du fils; le droit de la mère vaut celui de la fille.

Ici, encore une fois, le devoir se confond, s'identifie avec le droit. C'est en se respectant soi-même, en ne prostituant ni son âme ni son corps, qu'on élève le niveau moral de la famille.

Dans mon édition du Divorce de 1881, après avoir reproduit ce passage, je faisais remarquer à M. Léon Richer que son argumentation, quelque solide qu'elle fût, était encore incomplète ; qu'en cette matière les mœurs sont plus puissantes que la loi, et qu'en rendant celle-ci plus libérale, on ne supprime pas les garanties que nous donnent celles-là. Les mœurs exagèrent au contraire leurs exigences, lui disais-je à mesure que les lois diminuent les leurs.

L'objection de nos adversaires ne porterait que s'il était péremptoirement établi que l'introduction du divorce dans nos lois ait eu pour résultat la multiplication des ruptures d'unions conjugales, et que son élargissement doive encore en accroître le nombre.

Mais je crois avoir démontré plus haut, en réfutant M. Louis Legrand, que la loi n'entre pour rien ou pour presque rien dans le chiffre des ménages qui se désunissent ; que son action se limite à rendre apparents ou non, selon qu'elle est plus ou moins libérale, des états de faits existants en dehors d'elle ; et j'imagine que quelque opinion qu'on se fasse sur les conséquences utiles ou nuisibles de ces états de faits, je ne serai contredit par personne si j'affirme qu'il vaut mieux qu'elles se manifestent que de se produire d'une manière larvée.

En 1881, dans un passage que M. Henri Coulon vient de me faire l'honneur de reproduire, j'exposais ainsi les avantages que me paraissait avoir la société à connaître la vérité sur la situation des familles.

Ou cette espèce de papillonne, qui pousse hommes et femmes à se prendre et à se quitter malgré les prescriptions légales qui le leur interdisent, est le résultat fatal et sans inconvénients des erreurs impossibles à éviter dans le mariage... et alors pourquoi donner de la gravité à ce qui n'en aurait aucune sans les entraves qu'on y apporte.

Ou bien elle constitue un danger auquel il est urgent de parer. Il est alors indispensable de la laisser s'étaler librement. C'est, en effet, seulement lorsqu'on connaîtra l'étendue du mal, que l'opinion publique y puisera le stimulant nécessaire pour agir sur l'homme comme elle agit actuellement sur la femme, et apportera ainsi le seul remède efficace.

Mais si même — contrairement à ce qui est — la preuve était faite qu'une loi très large du divorce eût pour conséquence de faire disparaître la résignation qui empêche certains ménages non assortis de se rompre, faudrait-il y voir un mal ou un avantage ?

Je n'hésite pas à affirmer qu'il faudrait y voir un avantage ; et c'est également la pensée du docteur Toulouse qui justifie très remarquablement son opinion dans les lignes suivantes (1).

Au point de vue psychologique, le mariage est l'accord, passionnel d'abord, sympathique ensuite, de deux êtres ; au point de vue physiologique, il a pour but la perpétuité de l'espèce ; au point de vue social, il représente un effort synergique de production.

L'union sentimentale de deux êtres n'a pas été trop exaltée par les poètes. Elle manifeste au plus haut point le choix qui épure l'instinct sexuel.

Ce choix est par lui-même une preuve de libre volonté qui s'exerce — pour les refréner — sur des mouvements passionnels tyranniques. Aussi la femme fait, en se donnant à un seul, la démonstration éclatante qu'elle s'appartient et peut disposer d'elle.

La liberté sexuelle, qui est l'aboutissant de l'évolution, a actuellement sa manifestation la plus nette dans le mariage convenu volontairement par les deux parties. Mais — ceci en est le corollaire — le divorce doit pouvoir aussi être réalisé à la seule volonté des conjoints.

Si l'on veut maintenir unis des êtres qui ne veulent plus vivre ensemble, le danger est grand pour ces êtres eux-mêmes. La douleur morale peut être excessive. Dans les causes de la folie, on relève, en effet, souvent les dissentions domestiques. Le danger peut prendre une forme plus terrible encore et se manifester sous la forme du meurtre que l'on doit classer parmi les homicides désintéressés, dont je faisais récemment la monographie. Ce sont là les conséquences sentimentales et émotionnelles de l'indissolubilité du mariage.

Au point de vue physiologique, le mariage a pour but

(1) *Loc. cit.*

la survie des parents dans de nouveaux êtres. Il importe que les enfants soient le mieux doués et aussi le plus exempts de tares morbides. On désire en outre aujourd'hui (1) que le nombre en soit élevé. Or, dès que la dissension conjugale éclate, devient habituelle et systématique, cette fonction est compromise. Si, en effet, l'on compare le nombre des enfants existants au moment du divorce prononcé entre la cinquième et la neuvième année — c'est-à-dire dans la période matrimoniale la plus critique, — au nombre des enfants vivants dans les familles recensées aux époques correspondantes, on remarque qu'il y en a six ou sept fois moins dans les ménages en voie de dissolution.

Enfin, au point de vue social, il est évident que l'apport économique du ménage est compromis dès que la désunion affaiblit l'activité solidaire des époux. La femme délaisse la surveillance intérieure de la collectivité, dont l'entretien devient plus onéreux ; le mari fait, au dehors, des dépenses qui ne contribuent pas au bien commun, ni à l'amélioration des conditions de son activité productrice. Enfin, dans les ménages où la collaboration du mari et de la femme peut élever le rendement de cette activité, le taux en est sensiblement abaissé. S'il était possible de supputer la valeur de ce déchet économique, ce que coûte à l'Etat la diminution de la natalité, et, enfin, les pertes que font supporter aux intéressés et aux contribuables les jugements, les journées de prison et d'inactivité sociale de ceux que la désunion conjugale a poussés à des délits, on en serait, j'imagine, étonné.

La conséquence de cette argumentation irréfutable est que le mal social réside surtout dans le

(1) Je ferai une réserve sur ce dernier point.

maintien de ménages, désunis au fond, que les conventions ou les lois empêchent de se séparer, et que, là où les époux se haïssent, la société à un intérêt majeur à briser leur union.

Si donc le divorce par la volonté d'un seul n'a aucune influence sur les ruptures de mariages, s'il se borne en fait à les mettre au jour et à permettre aux époux la constitution d'une union nouvelle, il est d'une incontestable utilité.

S'il aide au bris de ménages mal assortis, son utilité vis-à-vis des époux et de la société est plus indispensable encore, et ce que l'on est surtout en droit de regretter, c'est que de ce chef son action utile demeure forcément par trop limitée quelque loi qu'on fasse.

Il me paraît, en effet, hors de doute que, le mariage fût-il restreint à un simple enregistrement, et sa rupture fût-elle possible sans délais, ou avec un délai insignifiant tel que le proposait la Convention, les conditions économiques continueraient à maintenir unis, au grand préjudice du perfectionnement de l'espèce et de la richesse du pays, une masse de ménages malheureux.

Tous les jours nous voyons des unions libres dans lesquelles l'homme ivrogne et débauché bat sa femme, où la femme s'abandonne à tous les vices, et qui subsistent quoique leur dissolution ne se heurte à aucune difficulté.

Pourquoi ?

Parce qu'il n'existe pas un seul instinct chez l'homme qui n'ait son contraire, et que la papillonne, dont je parlais plus haut, est contrebalancée par ce sentiment d'habitude auquel on a tant de peine à se soustraire, alors surtout qu'on n'est plus de la première jeunesse.

Avez-vous vu ces gens qui sont mal logés, qui se déplaisent dans leurs appartements, qui rêvent sans cesse de déménager et ne le font jamais ?

Il en est de même, à un degré bien plus élevé, des unions des sexes. Lorsqu'un homme et une femme ont vécu longtemps ensemble, qu'ils ont eu des enfants, qu'ils se sont fait une ambiance devenue pour eux une coutume, si mal qu'ils se trouvent, si désireux qu'ils soient, à de certaines heures, de briser le cercle qui les enserre, le cercle est plus fort que leur volonté. Ils n'en sortent pas.

Mais il y a surtout la condition économique qui enchaîne la femme à l'homme.

Sous le régime de la propriété privée, la femme ne peut pas pourvoir à son entretien, à celui des enfants issus de ses amours ; il lui faut l'appui de l'homme. Le patriarcat se substitue, dès lors, nécessairement au matriarcat, quoique ce dernier soit la vérité physiologique, puisque, ainsi que le remarquait si justement Émile de Girardin, la maternité seule comporte un caractère de certitude.

Sans doute, même sous la pression du capitalisme, la femme fait effort pour sortir de sa servitude, pour se suffire à elle-même ; et j'ai connu de nobles et courageuses mères qui, jalouses de la possession de leurs enfants, refusaient au père le droit de les reconnaître et d'acquérir ainsi sur eux une autorité égale à la leur.

Mais ce sont là des exceptions excessivement rares ; et tant que les charges familiales ne seront pas passées à la société par suite de la constitution d'un organisme communiste, le mariage, même en entendant par ce mot comme le fait M. Émile Acollas l'union de l'homme et de la femme en dehors de toute obligation légale, demeurera beaucoup plus monogame qu'on ne le supposerait à première vue.

C'est seulement avec le communisme que l'amour pourra recevoir enfin son affranchissement total.

Ce sera pour le bien de tous.

J'ai établi il y a trente-quatre ans dans *Religion, Propriété, Famille*, que l'amour a pour rôle dans l'économie, par les choix qu'il détermine, d'assurer à la reproduction des conditions favorables, comme le goût garantit le bon fonctionnement de la nutrition et l'odorat celui de la respiration ; qu'il est, en un mot, le principal élément de la sélection naturelle.

A cette sélection on donne volontiers pour base la lutte pour la vie, chez les économistes, férus seulement des idées de Darwin lorsqu'ils espèrent pouvoir en déduire quelques conséquences nuisibles à la liberté humaine. C'est en effet la concurrence vitale qui a servi à perfectionner notre espèce, au cours des temps barbares dont nous ne sommes pas sortis, et pendant lesquels la vraie fonction de choix a été impuissante à s'exercer. Mais c'est à cette dernière, c'est à *l'amour*, appuyé sur la loi d'aide pour la vie qu'a si bien étudiée Kropotkine, que sera dévolue dans l'avenir l'évolution du genre humain.

Seulement, nous n'en sommes pas là. Il peut s'écouler longtemps encore avant que les fonctions familiales soient socialisées. J'avoue, pour ma part, dussé-je contrister par cette déclaration des socialistes de mes amis, dont je partage, d'ailleurs, les vues idéales et les espoirs, que je crois cette heure-là encore fort éloignée.

D'autre part, tant que dure la période capitaliste, on ne peut pas songer

« à mettre en liberté l'amour »,

selon la belle expression de Victor Hugo.

Les conditions économiques pèsent de tout leur poids sur la femme, sur les enfants, et par l'enfant qui tient au cœur de l'homme sur l'homme même. Les lois les plus larges ne seront jamais que des palliatifs.

Ces palliatifs, toutefois, ne sauraient être indifférents aux huit mille ménages qui se dissolvent chaque année en vertu de la loi actuelle, cependant si imparfaite encore. Sans elle, ces huit mille bagnes subsisteraient, causes de douleurs poignantes pour les malheureux enserrés dans leurs liens, ferments de corruption pour les enfants, et foyers de pourriture pour le corps social lui-même, intéressé, dès lors, au premier chef, à l'œuvre d'assainissement faite en 1884.

Et demain, quand les efforts de MM. Paul et Victor Margueritte auront abouti, quand sept ou huit mille autres ménages, c'est-à-dire quatorze ou seize mille époux actuellement encore voués à la douleur, tenus à la chaîne, condamnés aux unions clandestines, à l'adultère, aux mensonges, aux fausses paternités, seront parvenus à s'affranchir, il est à présumer qu'ils ne traiteront pas avec dédain la nouvelle réforme.

J'ai raconté dans la préface de ce livre que notre grand géographe, Élisée Reclus, m'avait écrit un jour que j'avais fait œuvre mauvaise lorsque j'avais introduit le divorce dans nos mœurs, parce que j'avais ainsi fortifié le mariage en lui appliquant une soupape de sûreté. Il croit que, sans cette soupape, la vieille institution serait devenue tellement nuisible qu'elle aurait fini par être désertée.

Je suis convaincu que mon éminent ami est dans l'erreur; j'estime mon œuvre bonne, et je trouve celle des frères Margueritte excellente.

D'ailleurs, tous les parents marieraient-ils leurs enfants comme Reclus a marié sa fille, aussi longtemps que les conditions économiques demeureront les mêmes, cette substitution de la consécration paternelle à la consécration sociale ne changerait pas grand chose à ce qui existera le jour où nous aurons une loi du divorce comme nos pères l'avaient faite.

Telles sont les idées qui s'imposent aux fils de la Révolution, et qu'ils ne peuvent renier sans renier du même coup tous leurs principes.

Il en est autrement de ceux qui demeurent attachés aux enseignements du passé. Ceux-là sont logiques en nous combattant. Tout dépend du point de départ.

Mme Brada a écrit récemment un beau roman, « *Comme les autres* », dont elle a bien voulu m'adresser un exemplaire.

C'est la contre-partie de celui de MM. Paul et Victor Margueritte, « *Les deux Vies* ».

Dans les « *Deux Vies* » nous trouvons deux caractères bien tranchés.

D'un côté, Mme Favier représente le passé dans ce qu'il a d'élevé et de noble. Elle se sacrifie complètement. Non seulement elle refuse de prendre un amant, mais, après le décès d'un mari indigne, elle ne peut se décider à épouser l'homme qu'elle aime.

D'un autre côté, sa fille Francine, d'esprit plus libre, et qui a également contracté un mauvais mariage, cherche à s'affranchir par le divorce. Déboutée de sa demande, grâce à un odieux stratagème de son mari qui ne veut pas rendre la dot, elle affirme les droits imprescriptibles de l'être humain, et puisqu'on lui interdit de prendre pour époux l'homme selon son cœur, elle le prend pour amant, donnant ainsi, malgré qu'on en ait dit, un exemple de moralité très haute.

Mme Brada, elle, a une toute autre conception. Son héroïne est une femme attachée à l'idée chrétienne du mariage indissoluble, mais faible devant le malheur conjugal et qui prend un amant.

Seulement, ce n'est là qu'un épisode de son existence, et elle finit par revenir à son mari.

Quoique de mœurs austères elle-même, Mme Brada considère cet adultère, suivi de réconciliation, comme moins préjudiciable que le divorce. Il laisse subsister la famille.

Dans la pensée de l'auteur, il en est du divorce comme du mariage des prêtres aux yeux de l'Église. (Ce n'est pas elle, c'est moi qui fais ce rapprochement).

Le catholicisme, en principe, impose le célibat aux prêtres. Mais si, plus forte que la volonté, la matière les entraîne à des manquements au vœu de chasteté, en bonne mère, l'Église ferme les yeux. Elle juge les unions clandestines et secrètes qui peuvent se produire moins dangereuses pour la religion que le mariage officiellement autorisé dans le sacerdoce.

De même, aux yeux de Mme Brada, d'accord sur ce point avec Proudhon et Auguste Comte, malgré l'abîme qui sépare les doctrines dont ils se réclament, la vérité réside dans l'indissolubilité stricte.

Mais si l'homme ou la femme est au-dessous de ce grand idéal ; si, dans l'âge des tourmentes passionnelles, un entraînement amoureux, de nature morbide peut-être, subjugue leurs volontés, mieux vaut des infidélités, des mensonges, des adultères, que la rupture ouverte d'un mariage ancien et la formation d'un nœud nouveau. Du moins, quand les cheveux auront blanchi, que les rides seront venues, que l'esprit et les sens seront calmés, la famille première, simplement relâchée pendant un temps, se reconstituera.

C'était la thèse de M. Jules Simon en 1884.

D'autres aboutissent aux mêmes conclusions par d'autres voies. Tel était le cas d'une femme de lettres assez connue, Mme de C...

Il faut, me disait-elle il y a quelque trente ans, les enfants étant à la femme, en fait sinon en droit, que les frais de leur éducation incombent à l'homme ; et, comme il n'est pas possible de demander à l'ensemble des mâles d'intervenir en bloc pour assumer les charges de chaque famille individuelle, le mariage s'impose (1).

Mais, qui dit mariage, ajoutait-elle, ne dit pas fidélité. Le mari n'est que le pavillon chargé de couvrir la marchandise. C'est une étiquette au-dessous de laquelle doit se trouver le vrai produit, la liberté des époux. Il élèvera les enfants

(1) Mme de C. n'envisageait pas la théorie communiste.

des autres ? Qu'importe ? Les autres élèveront les siens, il y aura compensation. Le tout est que la famille soit inscrite au catalogue, que les enfants aient un nom.

Je conçois toutes ces théories de la part de ceux qui se maintiennent dans le giron du passé : aussi bien celle plus métaphysique de Mme Brada, que celle — comment dirai-je — plus libertine dans le vieux sens du mot, de Mme de C...

Ce ne sont pas les miennes et je ne saurais guère les concevoir chez un esprit affranchi.

Si je les reproduis ici, c'est que je crois y pouvoir puiser un argument en faveur de mes idées propres.

Il est, en effet, nécessaire que les questions soient nettement posées, afin que chacun puisse voir où le conduit la voie qu'il a choisie. C'est le seul moyen d'empêcher les inconséquences, de nos jours si nombreuses, qui amènent tel libre-penseur à faire acte de catholique sans s'en douter.

Jugez-vous le socialisme impraticable ? Allez-vous encore plus loin dans la négation du progrès ? Croyez-vous à l'impossibilité, dans la société capitaliste, d'une évolution qui libère les âmes et les corps ?

Avec votre hypothèse d'un Dieu créateur de

l'univers et superposé à l'univers, admettez-vous — malgré la bonté infinie que vous lui attribuez — l'éternité du malsocial ? C'est bien ! Vous recherchez alors le moindre mal. Vous faites la part du feu. Vous défendez la religion, les vœux monastiques, le célibat des prêtres, l'autorité de l'homme sur la femme, de l'État sur le citoyen, de l'Église sur le pouvoir civil. Vous vous prononcez pour le mariage indissoluble ou pour le divorce archi-restreint.

Je n'ai rien à y reprendre : toutes ces choses vont ensemble et vous êtes dans la logique de vos convictions.

Mais si vous affirmez la perfectibilité de l'homme, la vérité, la justice, l'épanouissement de l'être humain dans toutes ses facultés corporelles, intellectuelles et affectives, vous devez être contre tout ce qui précède. Pour nous maintenir sur notre terrain, vous devez vous prononcer en faveur de l'élargissement le plus complet possible du divorce, en attendant que le communisme, s'il doit venir un jour ainsi que je l'espère, achève de nous apporter un affranchissement que nous ne pouvons pas réaliser complètement dans une société capitaliste.

Jusqu'où maintenant portera la réforme ? Quelles doivent être, dans les détails, les dispositions de la nouvelle loi? C'est un point que je ne veux pas aborder.

Plus loin iront les législateurs, mieux cela vaudra.

Il faut cependant tenir compte des possibilités, et, en doublant une seconde étape, nous devons savoir en réserver une troisième si la nécessité s'en impose.

MM. Paul et Victor Margueritte, en réclamant le divorce volontaire, demandent un délai de trois ans pour que la volonté unilatérale puisse produire ses effets. C'est beaucoup; mais si cette concession est nécessaire pour obtenir la réforme, il ne faut pas hésiter à y consentir. Le progrès accompli n'en sera pas moins considérable.

M. Coulon, lui, se borne à plaider pour le rétablissement du divorce par consentement mutuel.

Ce serait bien insuffisant, et j'espère que nous obtiendrons mieux de nos Chambres. Cependant je ne repousserais même pas cette amélioration apportée à la loi de 1884, malgré son caractère anodin.

Tout dépendra de l'énergie des républicains, des socialistes, des penseurs de tous ordres et de la campagne qui sera faite pour conquérir le pays.

Les principes sont posés. J'ai dit jusqu'où,

d'après moi, il faut aller. Qu'on marche maintenant sur ces données et qu'on se rapproche du but le plus possible.

L'important était de bien montrer aux républicains qu'ils doivent se joindre à nous, ou reconnaître qu'ils sont encore attachés par mille liens aux tenants du passé.

Tels qui obéiraient à leurs préventions s'ils se croyaient étrangers à toute affiliation réactionnaire inconsciente, ne consentiront jamais à faire sciemment l'œuvre de la réaction.

A l'heure de fermentation sociale que nous traversons, ce qui importe surtout c'est d'obtenir un classement rationnel des opinions, d'éliminer les groupes indécis et hybrides, de bien caractériser les partis en conflit.

Ceux-là viendront à nous qui sont plus attirés vers l'avenir que retenus par le passé.

Les autres joindront l'ennemi, et ce sera un bien : ils débarrasseront l'armée du progrès d'un poids mort qui l'entrave.

Comme d'ailleurs la vérité porte en elle une force qui s'impose tôt ou tard, il ne peut s'élever aucun doute sur le triomphe final de la liberté.

CHAPITRE XII

A LA DERNIÈRE HEURE

J'ai, dit au chapitre : *l'Objection catholique*, en parlant du projet de loi sur le divorce soumis aux Chambres italiennes, qu'il y était l'objet d'une très vive opposition, et qu'il faudrait, pour en obtenir le vote, toute l'autorité dont jouit à Montecitorio le président du Conseil.

Je ne m'étais malheureusement pas trompé ; et l'on m'affirme à l'instant même que le projet de loi est sinon retiré, du moins ajourné.

Il s'est produit, paraît-il, dans le pays un mouvement d'opinion factice contre la réforme proposée, et une pétition, qui porte des signatures nombreuses, a été adressée à la Chambre.

Quoiqu'on sache comment se recrutent en général ces signatures et ce qu'elles valent, les députés ont été impressionnés par cette manifestation, ou ont feint de l'être.

D'autre part, M. Zanardelli tient énormément

à faire passer un projet relatif à l'organisation judiciaire ; et le groupe dit *de l'opposition constitutionnelle*, qui constitue l'une des fractions importantes de sa majorité, a fait de l'ajournement du projet sur le divorce une condition *sine quâ non* de son vote sur la réforme de la magistrature.

Devant de telles difficultés — et quoique le roi soit très favorable au divorce — le Cabinet Zanardelli a dû momentanément céder.

Mais ce n'est là qu'un incident de peu de durée. Les libéraux italiens, finissant par où il aurait fallu peut-être commencer, organisent contre l'indissolubilité du mariage une campagne d'agitation pacifique ; le président du Conseil ne recule que pour mieux avancer ; et là comme ailleurs, avant peu, la vérité s'imposera.

TABLE DES MATIÈRES

N. 8845. — IMPRIMERIE DE CHOISY-LE-ROI

www.ingramcontent.com/pod-product-compliance
Ingram Content Group UK Ltd.
Pitfield, Milton Keynes, MK11 3LW, UK
UKHW012012240726
13965UKWH00002B/318

9 782013 468015